中华传统美德青少年读本

少年卷

热爱祖国

徐潜 栾传大 主编

吉林文史出版社

前言

热爱祖国是中华民族的传统美德，是每个公民的神圣义务。“以热爱祖国为荣，以危害祖国为耻”不仅是一个普通的道德准则，也是公民的生活规范。

爱国主义是维护中华民族大团结，促进社会大发展的主要精神动力，是中华民族最基本、最重要的传统美德。爱国主义，也是对自己祖国和人民的深厚感情。

中华民族具有源远流长、长盛不衰的爱国主义传统。在中国历史发展进程中，中华民族以其勤劳、勇敢和智慧创造了举世闻名的中华文明和传统文化，各族人民为民族团结、祖国统一、社会进步作出了不可磨灭的贡献，涌现了数不尽的历史壮举和英雄人物。

战国时期的屈原为祖国投江自杀；鉴真大师为祖国东渡传播盛唐文化；抗日战争中无数的爱国英雄；为建设新中国而放弃国外优厚待遇回国创业的科学家们，都是热爱祖国的楷模。

千百年来，中华民族自觉维护国家、民族尊严的爱国精神世代流传，积淀为中华民族的传统美德。在建设社会主义现代化的今天，我们必须高举爱国主义的伟大旗帜，继承和发扬爱国主义传统，万众一心，努力奋斗，完成历史赋予我们的光荣而神圣的使命。

目录

伊尹为商汤立功

伊尹，大约出生于公元前18世纪，是商朝的奠基人之一。他出身卑微，关心人民疾苦，聪颖能干，帮助商朝第一代帝王汤开国创业，为商朝初期的社会稳定、经济发展作出了突出贡献。

公元前18世纪末，夏朝经过四百多年，到桀当国王的时候，已经快崩溃了。夏桀昏庸傲慢，不得民心，那些受尽欺压的平民百姓指着太阳咒骂他："你几时灭亡，我们情愿跟你一道灭亡！"这些都被汤看在眼里。汤，又叫做太乙，他是夏朝在黄河下游的一个属国——商国的首领。汤见夏桀腐败残暴，就决心与他争夺天下。平民百姓，包括夏桀的大臣们都盼望夏朝早点灭亡。

汤一天到晚总考虑怎样推翻桀的计划，一日三餐，马马虎虎，并不留心饭菜质量怎么样。这种情况，厨师伊尹看在眼里，想在心上，知道汤总是惦记着推翻桀的大事，但也不能不注意身体呀。伊尹总想找个机会接近汤，谈一谈自己对这事的看法。伊尹本是汤的妻子的一位陪嫁奴隶，后来做了厨师。他心疼汤整天忙着办大事，不认真吃饭，于是想出了一个办法，来吸引汤的注意，这一次故意把

饭菜做得特别咸，下一次又故意不放盐。汤感到饭菜不顺口，不对味，就叫过伊尹，责备他说：“怎么回事？你最近做的菜，不是咸，就是淡……”不等汤说完，伊尹跪下说：“大王不必生气。这是我在试探您还知不知道滋味。从今天起，我一定把饭菜做好。不然，大王杀我的头！”

从那以后，伊尹做的饭菜咸淡适度香甜可口，味道很合汤的胃口。汤非常满意，又把伊尹找来说：“看来，你的进步很大，做菜的本事果然不凡……”伊尹连忙借题发挥，有所指地说：“大王，这并没有什么值得夸奖的。菜不能太咸，也不能太淡，只要把作料搭配好，吃起来自然有味。这和您治理国家是一个道理，既不能无所作为，也不能急于求成。只有掌握好分寸关节，才能把事情办好。”汤听了连连点头，心想：谁能知道，在我的厨房里竟有这样一位难得的人才！于是，汤立即宣布解除伊尹的奴隶身份，让他做了大臣。后来，伊尹成了汤的主要助手。

不久以后，伊尹向汤建议，夏桀昏庸残暴，不要向夏朝送贡品了。同时，还控制了一些小国归附商汤。桀不甘心自己的势力范围缩小，就以商国没有进贡为借口，联合起九夷族的力量，气势汹汹地讨伐商国。

汤听到这个消息，对伊尹说：“现在桀找上门来打仗，我们打还是不打呢？”伊尹沉思了片刻，然后说：“桀这次集中了九夷族的兵力，说明他还有一些战斗力，我看不如避其锋芒，先恢复向夏朝进贡，等以后有机会再说。”汤立刻派人把贡品送到桀的军营。桀见了堆积如山的财宝，十分得意，笑着对手下人说：“看来，汤还是怕我的呀！”于是，桀带着贡品满载而归收兵回国了。

第二年，商国又不向夏朝进贡了。桀暴跳如雷，发号施令，集合本国一些军队，觉得不一定能打败商汤，于是想再次召集九夷族一起去讨伐商国。可是，一年来，九夷族看到了夏桀的种种昏庸表现，已经不愿意为夏朝出兵卖命了。

这时，夏桀的附属国中真正听桀调遣的只剩下一个昆吾国了。伊尹与商汤分析了这一形势。汤对大臣们说："服从桀的人越来越少，我们只要打败他的最后一个帮手昆吾国，夏朝灭亡的日子就不远了。"

于是，汤和伊尹率领商国军队北上，迅速打败了昆吾国，消灭了桀讨伐的一支可靠力量。桀恼羞成怒，带兵倾巢出动与汤决战。商军以逸待劳，早已等候在现今山西省鸣条这个地方。伊尹和汤鼓励将士们奋勇杀敌，振奋精神，汤传下法令说："桀做尽了坏事，我们要去讨伐他，大家要听从命令。对杀敌立功的，我要给予重赏，决不食言；对不服从命令的，我也决不客气！"

将士们下定了死战的决心。交战这一天，天刚亮，商军就冲了过去，势不可挡，将士们非常勇猛。夏桀的队伍有一部分赶紧逃命，大多数投降了商军。汤乘胜追击把夏桀赶进了安徽的南巢山中。后来，由于没有援兵，当地的百姓也痛恨夏桀，夏桀罪有应得饿死在南巢山里。

汤率领军队攻入了夏朝的国都，夏朝灭亡了，汤建立了商朝。商朝的国土比夏朝大了很多。

由于伊尹作战勇敢，智慧超群，为汤开国创业立下不少功劳，他由一名当厨师的奴隶成为辅助国君的大臣，后来当上了右丞相，深受国王的赏识和人民的爱戴。

弦高犒师救国

公元前628年春天，驻在郑国的秦国使臣杞子给秦王一封密信，信上说郑国对秦国没有防备，建议秦王去偷偷袭击郑国。秦王见信很高兴，派大将孟明视、西乞术、白乙丙等率领三百辆兵车去偷袭郑国。秦国军队出发了，一路上耀武扬威、骄横无礼，经过洛阳北门时，许多老百姓都知道郑国要大难临头了。可是，远在千里之外的郑国国王还蒙在鼓里呢。

当时，郑国的商人弦高，正好贩卖皮货和耕牛准备到洛阳。走着走着，迎面跑来一位从秦国回来的郑国人，他慌慌张张地对弦高说："不好啦！秦王派军队来袭击咱们郑国了。"弦高吃了一惊，他想："现在郑国没有任何打仗的准备，这多么危险啊，我必须想办法拖住敌人，争取时间，让郑国早做准备。"于是，弦高当机立断，告诉老乡赶紧给郑王报信儿，自己扮作郑国的使臣，"假令犒秦师"。从货架上取出四张上等的牛皮，然后又从牛群中挑出十二头体大肉肥的牛，挡住了秦军的去路，镇定自若地说："请通报孟明视将军，说郑国使臣弦高求见。"

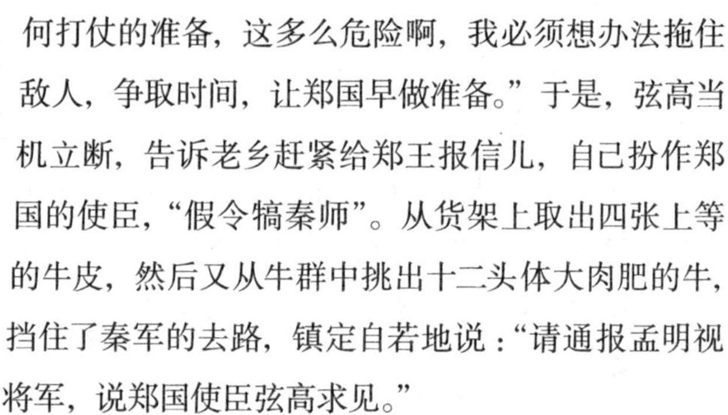

前哨士兵回去一通报，孟将军大吃一惊，催马走过来，见弦高衣冠整洁，神色坦然，知道来者不凡，他彬彬有礼地说："贵国使臣找我有什么事吗？"

弦高镇定地施了一礼，说："我们国君听说您要路

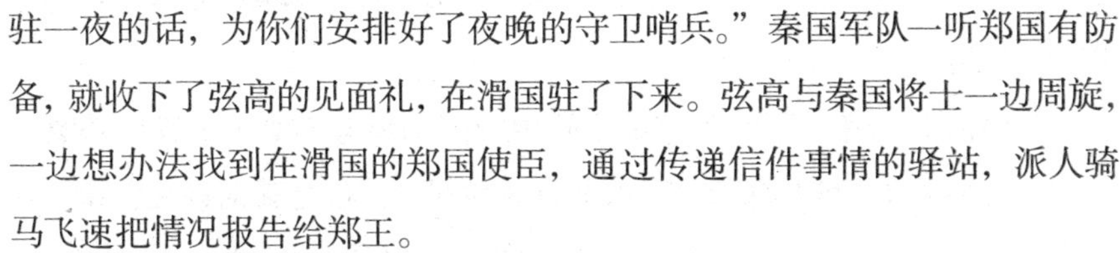

经我国率领军队去远征，这是一件很辛苦的事，特意让我带上几张皮革和几头肥牛慰劳您和与您同来的将士。咱们两国是互驻使臣的友好国家，我国虽然不太富足，但也特意为您及随从驻扎休息做好了准备，如果驻一天的话，给你们准备好了粮食柴草；如果你们不停留一天，仅驻一夜的话，为你们安排好了夜晚的守卫哨兵。”秦国军队一听郑国有防备，就收下了弦高的见面礼，在滑国驻了下来。弦高与秦国将士一边周旋，一边想办法找到在滑国的郑国使臣，通过传递信件事情的驿站，派人骑马飞速把情况报告给郑王。

郑国国王郑穆公接到驿站传来弦高犒师的情报，赶紧召集大臣商讨战事。军队将士为了迎战整理了行装，磨好了兵刃、喂饱了战马，备好了战车，全国上下，严阵以待。然后，穆王派人到秦国使臣居住的地方劝他们离开郑国。杞子知道事情不妙，仓皇奔向齐国。

再说，秦国军队一连在滑国驻了几日，孟明视说：“郑国已经做好了战斗准备，偷偷袭击是不行了，正面进攻呢，也不一定取得胜利，如果用三百辆兵车围住郑国，距离秦国路太远，时间长了，粮草接济有困难，我们还是不要攻打郑国了吧！”

就这样，一场眼看要国亡家破的灾祸，被爱国商人弦高机智勇敢地挽救了。事后，郑穆公要奖赏弦高。他却说：“保卫国家，人人有责，我做了应该做的事情，有什么理由居功领赏呢。”弦高谢绝了奖赏。

烛之武智退秦兵

鲁僖公三十年，秦穆公和晋文公要联合起来攻打郑国。他们的理由是因为郑国国君曾经对晋文公没有礼貌，并且违背了晋郑友好关系，却又和楚国亲近。

当时，秦、晋大军团团包围了郑国的国都新郑（今河南省新郑县），城里的官员和老百姓都很恐慌。这个时候郑国大夫佚之狐对郑文公说："现在国家很危险了，得想个解决办法呀！"

"唉！"郑文公叹了一口气说："目前情况这样危急，谁能有好办法解救呢？"

佚之狐回答说："现在只有烛之武才能说服秦国退兵。"

郑文公采用这个建议，立刻就把烛之武请进宫来，讲述了这件事。可是烛之武却婉言拒绝说："我年纪大了，不中用啦。我年轻的时候就不如别人，现在更无用啦。"

郑文公听出烛之武话中有牢骚，就抱歉地说："过去我没有重用你，这是我的过错，可是现在我们郑国十分危急，恳求你帮帮忙。如果郑国真的灭亡了，对你也不利呀！"

烛之武看到郑文公诚恳的态度，又想到个

人的切身利益，就答应去见秦穆公。

秦、晋大军紧紧围困着郑国国都，烛之武趁着黑夜，叫人用绳索把他吊下城去。

他到了秦国见到了秦穆公，说道："你们秦国和晋国联合起来攻打我们郑国，城里的老百姓都知道国家要灭亡了，本来不该再打扰您了。可是郑国灭亡了对你有什么好处。你们秦国在西方，我们郑国在东方，中间隔着个晋国。你们越过晋国来进攻郑国，而后把郑国土地收为已有，这是很难办到的呀！郑国灭亡后，好处实际上是晋国的。晋国实力增强了，秦国的力量相对也就削弱了。"

这时秦穆公很耐心地听着。

烛之武继续说："如果你能留郑国，作为您东行路上的主人，贵国使者来往于此，万一需要什么，郑国就可供应什么，这对您百利无一害。"

秦穆公听了烛之武的这番话，仔细盘算一下，觉得很有道理。

烛之武觉察到秦穆公有点动心，就接着说："大王应该知道，晋国是个贪得无厌的国家，一向不讲信用。请您不要忘掉历史的教训，当时晋国发生内乱，晋惠公逃到贵国避难，您帮助他获得君位。晋惠公亲口答应将焦、瑕两城送给秦国，可是结果怎样？他们还在焦、瑕修筑防御工事，把一切许诺都忘掉了。"

秦穆公听到这件事，非常恼火。

烛之武紧追不放地说："现在的晋国国君跟过去一样，贪得无厌，野心勃勃。如果他们获得了东面的郑国的一部分土地后，就会设法扩大西面的疆界。"烛之武歇了一口气又说："请大王还是看到这一点吧！"

"说得有理。"秦王听了烛之武的话非常高兴。

几天后，秦穆公将大军调回国内，只派两员大将留守，并订立了盟约。

晋文公失去了同盟军，也灰溜溜地撤走军队。

烛之武用自己智慧和勇敢，保全了自己的国家。

商鞅变法

商鞅(前390—前338),姓公孙,名鞅,卫国人。他到秦国执政二十多年,被封为“商君”,人们又习惯地叫他商鞅。

商鞅小时候就喜欢读书,尤其爱读研究法令的书。长大以后,他先在卫国附近的魏国游学,后来,秦国21岁的孝公即位,下令招揽人才,商鞅便来到秦国。

秦孝公任用商鞅变法,一些大臣议论纷纷,表示不同意,闹得秦孝公又拿不定主意了。有一天,他把商鞅和大臣甘龙、杜挚叫到一起,商量变法的事。孝公先说:“我想制定新的法令来治国安民,可又怕全国上下的人议论我,反对我,所以总下不了决心。”

商鞅马上接着说:“做什么事,如果迟疑不决就不会成功。您既然要变法就不要怕别人议论。自古以来,凡是圣贤的人,只要想富国强兵,都不会总按旧制度办事,也不会死守老规矩的。”

“对呀!”秦孝公听了,连声称赞。

“不然!”在一边的甘龙着急地说,“我知道圣贤的人治理天下,是从不改变原来制度的。按老规矩办事，费不了多大力气，还不会引起混乱。要强行变法，会引起全国混乱，大王千万不能轻举妄动啊！”

商鞅马上对甘龙说：“你说的这些话，实在是太俗气了。聪明的人从来都是根据情况的变化来制定新法令，改革旧制度的。只有愚蠢的人才只知道按老一套办事。这种人，根本不值得跟他们商量大计。我请大王不要再犹豫了，应该赶快下令变法！”

这时候，杜挚又摇头晃脑地说了起来：“没有百倍的好处，就不要变法；没有十倍的功效，就不要除旧换新。我以为遵守古代传下来的法令没有错，按过去的规矩办事，也不会出偏差。”

商鞅听了，很气愤，质问杜挚：“我问你：从古到今，历朝历代的法令很多，该遵守哪一个法令呢？当初商汤和周武王并没有死守古代那一套，结果兴盛起来；夏朝和商朝一直到最后也没有改变老一套，反而都亡了国。据我看，改变古代法令的未必要受到非议，死守老规矩的倒不值得怎么夸耀！”

甘龙和杜挚被驳得哑口无言。秦孝公听了，也拿定了主意。他对商鞅说：“你说得真好啊！那些守旧的议论，我再也不听了！”

不久，商鞅把变法内容想周全了，就来见秦孝公，说：“要变革的事很多，首先办好几件主要的。”“最危险的事，要属打仗了。所以，第一件事，就是要用高官厚禄来赏赐有军功的战士；对那些无事生非的人，打架斗殴的，要严加处罚。”“最辛苦的活儿，要算种田了。农民起早贪黑干一年，得到的好处却很少，所以，要提高粮食价格，对耕田和织布超过一般人产量的要免除徭役，这是第二件事……”秦孝公一边听一边点头，说：“对！粮食贵了，农夫们有利可图，就会好好种田了。”“这第三件事，是要统计人口，全国要按户籍把老百姓组织起来，每五家为‘伍’，每十家为‘什’，各家互相监督，上边管起来也方便多了……”

说着，商鞅站起来，打着手势说：“只要把这几条定为法令，官吏不敢为非作歹，普通人不敢犯法，将士不惜生命去打仗，百姓努力耕织。秦国富强的日子就不远了。”

秦孝公越听越高兴，激动地直拍大腿：“就照你说的办，开始变法吧！”

商鞅变法，使一些有钱有势的贵族失去了很多特权。他们都反对变法，常在一起议论怎样对抗商鞅，其中包括太子的老师公子虔和公孙贾。他们故意让太子触犯新法。然后说，“太子不能判刑，看商鞅怎么下台。”商鞅只好对秦孝公说：“谁犯了法，都要治罪。大王要实行新法，必须从惩处太子开始。太子不能判刑，那就惩办他的老师。”

秦孝公心里琢磨：太子年纪小，故意违犯新法，背后肯定有人指使。于是，他对商鞅说：“你就按法行事吧！”

商鞅下令把怂恿太子犯法的公子虔和公孙贾抓来，并严厉地对他们说：“你们以为太子犯法，我就不敢管了吗？来人！”

几个武士上来，按商鞅的命令，割掉了公子虔的鼻子，又给公孙贾脸上刺了字涂上墨。公子虔和公孙贾无地自容，捂着脸走到街上，那些反对新法的人，都吓得不敢违犯新法了。

商鞅变法一共有两次。一次在公元前356年，一次在公元前350年。经过十几年时间，秦国果然强盛起来。家家户户吃得饱，穿得暖。平民百姓间也都和睦相处，打架斗殴的事少多了。每逢打仗，将士们个个争先，常打胜仗。秦孝公非常高兴，让商鞅当上了“大良造”，这是当时秦国最高的官职，仅次于国王的权力。

商鞅的两次变法，使本来贫穷落后的秦国发展成为战国七雄中最强盛的国家，为后来统一全国奠定了坚实的基础。这件事对我国社会历史的进步也起了很大作用。后代人只要一说起改革，没有不提到“商鞅变法”的，同时也称赞商鞅是一位有胆识有贡献为国为民为改革而献身的政治家。

晏子劝国君

晏子 (?—前 500) 叫晏婴，又叫晏平仲，是春秋时期齐国的相国，相当于现在国务院总理的职务。作为国王的主要助手，晏子节俭朴素，关心人民疾苦，敢于当面批评国王的错误。他学识丰富，思维敏捷，心地善良，爱国爱民，人们都很尊敬他。他在维护祖国尊严、关心人民疾苦、促进社会文明等多方面值得后人赞颂。

晏子，他个子矮，楚王看不起他，让他从小门进楚城，他说到狗国才开狗洞，看门人只好开大门迎接他。楚王在宴请时绑来齐人出身的罪犯来羞辱晏子，晏子说出了橘生淮南为橘，移到淮北变成酸枳的名言，狠狠地回击了楚王，讽刺齐国人好而楚国社会风气不好，巧妙地维护了齐国尊严，楚王不得不刮目相看。

在齐国，晏子也时时处处为人民利益着想，劝齐国国王齐景公关心人民的疾苦。

有一年冬天，大雪下了三天三夜，天气冷极了。齐景公披着白狐狸皮斗篷，坐在宫殿里观赏雪景，还派人去叫晏子也来赏雪。不一会儿，晏子来了，齐景公让他坐在一旁，说：“没什么事吧，您难得有闲空，今天就和我一起赏雪吧！”

晏子没答话。过了一会儿，齐景公没话找话地说：“真奇怪，一连下了三天大雪，可是一丁点儿也觉不出冷来。”

“天气真的不冷吗？”晏子追问了一句。

齐景公也觉得自己的话说得不对了，不好意思地笑了笑。晏子说：“我听说贤明的君主在自己吃饱的时候，惦记着别人在挨饿；自己穿暖的时候，不忘别人的寒冷；自己安逸享乐，要想着劳苦的百姓。现在，您把这些全忘了。”

齐景公听着，脸不觉红了，忙说：“您说得对，我明白了。”

说完，齐景公下令，从仓库里取一些衣服和粮食，发放给穷人。

齐景公特别喜欢养鸟。有一次，他得到一只非常美丽的小鸟，派一个叫烛邹的人特意给他养这只鸟。可是，过了几天，那只鸟飞走了。齐景公气得直跺脚，大声喊道：“烛邹，我要杀了你！”站在一旁的晏子说：“是不是先让我宣布烛邹的罪状，然后再杀也不迟。”齐景公说：“可以。”

这时候，武士们把烛邹绑来了，晏子绷着脸，严厉地对他说：“烛邹，你犯了死罪，罪过有三条：一、大王叫你养鸟，你不留心让鸟飞走了；第二条你使国君为一只心爱的鸟要动手杀人了；还有这件事让别人知道了，都会认为我们国君只看重鸟而轻视百姓的生命，从而看不起齐国，这是第三条。所以国君要杀死你！”

说到这儿，晏子回过头来对景公说：“请您动手吧！”

齐王明白晏子是在责备自己，他干咳了两声，说：“算了，算了，把他放了吧！”

接着，齐王走到晏子面前，拱手说道：“若不是您及时开导，我险些犯了大错呀！”

过了些日子，春暖花开，齐景公亲自到山上捉鸟。他看见一只漂亮的鸟，刚要射箭，忽然传来一阵砍柴声，把鸟惊飞了。齐景公的坏脾气又上来了，立刻喊道："把那个砍柴的抓起来，带回去我收拾他！"这时，一个随从跑过来告诉齐王："那边有一个鸟窝，里面有响声。"

齐王走过去一看，鸟窝里有一只刚出生不会飞的小鸟，毛茸茸的，张着小嘴不停地望着生人叫，齐王觉得小鸟怪可怜的，就把它送回窝里了。

等齐王回宫，让晏子碰见了，晏子问："大王今天捉了几只鸟？""咳，费了老大劲，捉到一只小鸟，我看它不会飞怪可怜的，就又放回窝里去了。"

晏子听完，转身向北拜了几拜，然后高声说："我们大于今天做了圣人做的事啊！"

齐景公不以为然地说："您说到哪去了。我抓了小鸟，看它小放了它，这跟圣人有什么关系呢？"

晏子说："这件事虽小，可我看得出，您对鸟兽都有仁爱之心，我想，今后您一定会更加关心百姓，所以，我说您是做了一件圣人做的事啊！"

齐景公听了这话，想起押回来的那位砍柴人，忙说："快放了那个砍柴人吧，我要做一个好国君。"

过了很长一段时间，齐景公心爱的小狗死了。他十分伤心，打算做一副上等的棺木厚葬爱犬，还决定让大臣们给狗举行隆重的葬礼。晏子阻拦他。齐王不耐烦地说："这么件小事，您就不必管了。这是我想出来的办法，给大家取笑，耍着玩的。"

晏子郑重其事地说："大王，您错了。现在有多少百姓冻死、饿死，死后无人埋葬，您不去管，反倒有心思和周围的人取乐。这明摆着是轻视百姓，只顾自己啊！百姓听了这件事，必定不拥护您做国君，各国诸侯听

说了，必定看不起齐国。内有不满的百姓，外被诸侯小看，再加上大臣们跟你学开心取乐，齐国危亡不远了，这难道是小事吗？”

齐景公吓得出了一身冷汗，说：“对呀！多亏您提醒了我。狗还是送厨房，炖了吃肉吧！”

晏子就是这样聪明机智，劝君爱民。百姓、大臣、诸侯、君王都敬重他的人品、才华。有一本叫《晏子春秋》的书，专门记录了晏子的一些动人故事，其中有许多至今还在人们当中流传着。

越王勾践卧薪尝胆

勾践(?—前465)，是春秋时期越国的国君。他在同吴国交战的时候，失败被俘，受尽了屈辱，仍然斗志昂扬。回国后，他卧薪尝胆，全力治理越国，终于打败了强大的吴国，维护了越国的尊严。

在一次战斗中，越国军队大败，吴国提出条件让越王勾践做吴王夫差的奴仆。为了不亡国，勾践带着妻子和大臣范蠡来到了吴国。夫差存心侮辱越王，叫他做自己放马的奴仆，又让他住在夫差父亲坟墓旁边的石屋里。开始勾践受不了这种屈辱，几次想去死，可是一想到祖国的深仇大恨，就尽量装出忠诚和顺从吴王的样子。

勾践表面上对夫差十分敬重。夫差要乘车，他给牵马；连夫差上厕所，也是勾践去侍候。渐渐地，夫差对勾践有了好感。可他还是不放心，常派人去探听勾践的动静。这些人每次回来都说：“勾践一天到晚总是和

范蠡一块打草、砍柴、喂马、赶车，他妻子生火、做饭、补衣服……”

“他们说过什么抱怨的话吗？”

“没听说过什么怪话。我们骂他、羞他，他都老老实实听着，一提起大王，他们都感谢不杀之恩，总说您是个仁义之主。”

夫差满意地点着头。他觉得勾践真够可怜的，心中十分不忍。

勾践一天天熬着，整整过了三年。夫差看勾践的志气早就消磨没了，就不再把他放在眼里。吴王不顾一些大臣反对，在勾践到吴国的第四个年头，答应放他回越国，只是让越国每年必须向吴国进贡粮食和财宝。

勾践饱尝侮辱，终于回到自己的国家。他回国后，没有贪图享受，还是过着清贫的生活。他睡觉的时候不用被褥，躺在一堆柴草里（古语把柴草叫“薪”）；又在屋子里挂了一只苦胆，抬头就能看见。每顿饭前，勾践都要尝尝苦胆的味道。他吃饭从来没有肉，穿的衣服也相当随便。勾践自找苦吃，为的是不忘过去的耻辱，激励自己发愤图强，报仇雪恨。

勾践把治理国家的事交给大臣文种，把练兵习武的事交给范蠡。自己拿起农具，跟老百姓一起下田耕耘。他妻子也带领妇女养蚕织布。很快越国恢复了生机，国力渐渐强大起来。连续几年大丰收，除去给吴国进贡的，越国的粮仓堆满了粮食，打造的兵器也装满了库房。

越国的百姓都想为打败吴国出力，所以不怕吃苦，上下一条心。而吴王夫差越来越专横。他不是用兵打仗，就是寻欢作乐，一天到晚喝酒听歌，花天酒地。勾践摸透了夫差的脾气，不断地派人给夫差送礼。夫差觉得勾践对自己这么好，丝毫没有想到，勾践时时刻刻都在盘算着消灭吴国呢！

越国一天天强盛起来，勾践暗地里做好了攻打吴国的准备。有一天，暗探向越王报告：吴王夫差杀了大将伍子胥，已经到中原讨伐去了，国内空虚，正是进攻吴国的好时机。勾践与范蠡率领四万精兵和六千卫兵，还有水兵两千人，急速行军，开到了吴国境内。留在吴国的都是老弱残兵，根本无法抵挡来势凶猛的越国将士。越军很快攻进了姑苏城，杀了吴国太子。吴王夫差当时还在北方，得知消息赶紧派人与勾践讲和。范蠡建议勾践暂时讲和不与夫差主力军队相碰，以免受损失。讲和后，越国再不向吴国进贡了，越王积蓄力量，等待战胜吴国的最好时机。

自从讲和后，夫差还是到别国连年征战，国力大大削弱，青壮年全上前线，农田连年歉收，老百姓怨声载道。这时，越王勾践把大臣将士召集在一起宣布伐吴。他说："我们越国上上下下，苦熬岁月，盼的就是洗雪亡国的耻辱。现在吴王已经失去民心，报仇雪耻的日子到了！"

浩浩荡荡的越军出发了。隔着一条河扎下了营寨。几仗过后，越军连连取胜，最后攻破姑苏城，吴王夫差被围在附近的姑苏山上。夫差想到自己当初没杀勾践，勾践总会感恩的，就派大臣公孙雄去见越王。公孙雄脱光上衣跪着一步步走进越营，把夫差的话传给勾践听："过去我得罪了您，现在您来讨伐我，我一定听您的命令。请您也像当初我放了您那样免我不死，饶了吴国吧！"

勾践听着也有点可怜夫差，就低下了头。范蠡走上前来悄声对他说："这些年来，大王卧薪尝胆，立志报仇，不就是为了今天灭吴吗？您千万不要错过良机呀！"

公孙雄听了，放声大哭，流着眼泪跑回去了。勾践听那哭声实在凄惨，又忙派了一个使者去见夫差，对他说："越王灭吴的决心已定，但是可以免您不死。越王给您一块地方住着，给您吃的用的。"

夫差觉得凑合着活着而眼睁睁看到自己国家的灭亡，还不如死了好，就对勾践的使臣说："我老了，不能对越王称臣尽力！"

说完，他用布蒙住脸，拔剑自杀了。

勾践历尽艰难，奋发图强，终于报仇雪恨，给后人很大的教育；而吴王夫差骄傲自大，狂妄腐化，转胜为败，也是一次深刻的历史教训。

蹶由不畏以血涂鼓

蹶由，春秋时吴国国君的弟弟，他是一个以国事为重、临危不惧的人。

那时，天下混乱，战祸连年。

楚国又派兵伐吴了。吴国国小力薄，怎能对付得了强大的楚国呢！吴王苦苦地思索着。最后，想出一个退兵之计：派弟弟蹶由去犒劳楚军。吴王想：这样，也许会幸免！

于是，赶着大批大批的牛羊，担着大坛大坛的酒，送往楚营。

哪知，楚灵王并没有被感动，反而不顾“两国交兵不斩来使”的信义，把蹶由捆了起来，想杀死他，并以血涂鼓。楚灵王扬扬自得地取笑蹶由，说：“先生来时可问卜过？此次使楚是否吉利？”蹶由正色道：“吉利得很！卜兆说能预知未来！”楚灵王笑着说：“先生可知自己未来如何？”蹶由坦然答道：“知道！大王不是想杀了我，以血涂鼓吗！”楚王大笑道：“先生既知，何以言之大吉？”蹶由从容笑道：“大王想，此次出使楚国，如果大王能以礼相待，那我们的国家必然会放松警惕，松懈斗志，这岂不是亡国的征兆吗？今大王要杀我，以血涂鼓，这样的奇耻大辱，难道我们的国家会置之不理吗？必然会重修军队，加紧操练，戒备边防。这样，或许幸免于亡。故不杀我，对我个人来说是福，而对我们国家来说则是祸；杀了我，对我个人来说是祸，而对我们国家来说则是福。难道预卜大吉不对吗？

此次使楚，我早已把个人生死置之度外。请大王杀了我吧！”说完凛然而立。

楚王听了蹶由一席话，反倒不敢杀他了。

蹶由临危不惧，力驳楚王，维护国家的尊严，可谓大智大勇啊！

赵武灵王胡服骑射

赵武灵王(?—前295)名字叫赵雍，是战国时期赵国的国王。他敢于破除旧的习俗和民族偏见，学习游牧民族的长处，改穿胡服，大胆采用骑兵作战，使赵国在军事上迅速强盛起来，成为战国后期能够抵挡秦国势力的主要力量之一。

当时，赵国处于齐、秦两大国之间，北面还有中山国为敌，东胡、林胡、楼烦等游牧民族的骑兵也经常侵犯中原。很长时间内，赵国一直被他国欺负。

赵武灵王执政后，立志图强。为了寻找打败敌人的对策，他带领肥义、楼缓几个大臣到边关巡视，说：“胡人(古代对北方游牧民族的称呼)没有我们人多，兵器没有我们的好，武艺也不如我们的将士高强，可为什么我们总打不败他们呢？”边关守将告诉赵武灵王：“胡人身穿短衣，袖口又窄又紧，游牧为生。他们从小都是在马背上长大的，骑马驰骋，来得快，跑得快，非常便利。我们这些身穿宽袍大袖的步兵和笨重的战车，不是他们的对手。”

在回去的路上，赵武灵王反复琢磨着对付胡人的办法，他对肥义和楼缓说：“没有强大的兵力，国家就不能生存。现在赵国四面临敌，我想出一个对策：让大家都穿胡人那样的衣裳，学他们骑兵打仗的本领。你们看行吗？”楼缓高兴地说：“大王这个办法好。那样赵国的兵力就增强了。”赵王还说：“我带头穿起胡服给大家做个样子看看！”肥义、楼缓都会心地笑了。

巡视归来后的一天，赵武灵王召见大臣。他穿着新制的胡服从容上殿，肥义和楼缓也穿着胡服站立两旁。大臣们交头接耳，窃窃私语。尽管中原人衣袖肥大，行动不便，可古来如此，大臣们都认为很好看。今天，他们看见赵武灵王带头穿着胡人的服装，都觉得看不惯、不舒服。赵王把自己改穿胡服的想法说了一遍，劝大臣们都改变装束。大臣们又摇头又摆手，说不上是哭还是笑。赵王也不勉强他们。他见自己的叔叔公子成没来，就派人请他带头穿胡服。谁知公子成一听就火了：“什么？中原自古以来的习俗，谁敢改了，这是忘了祖宗！我可不答应。”赵武灵王听说后，就亲自到公子成家里找他，对他说：“穿什么衣服不是一成不变的，主要看做事方便不方便。从古到今都是如此。”“可你要改穿胡人的衣裳啊！别忘了，他们还常来打我们，抢我们的东西呢！”“我改穿胡服，就是为了这个呀！中山国抢占我们土地，胡人也趁火打劫。可赵国的兵力太弱，无法抵挡，如果我们改穿胡服，行动有多方便！再训练骑兵和他们作战，就一

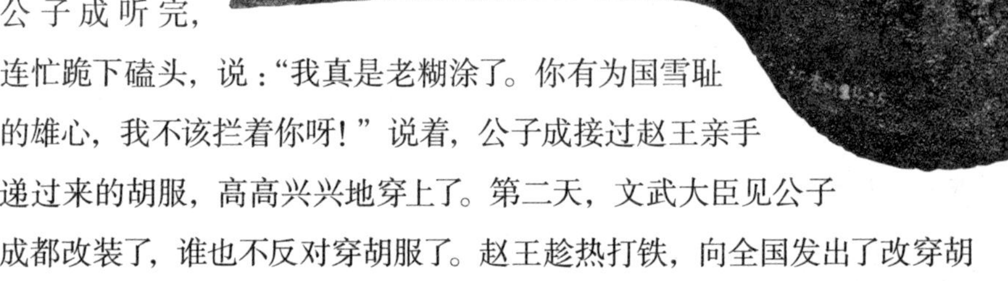

定能取胜。难道叔叔您不愿意赵国强盛吗？”公子成听完，连忙跪下磕头，说：“我真是老糊涂了。你有为国雪耻的雄心，我不该拦着你呀！”说着，公子成接过赵王亲手递过来的胡服，高高兴兴地穿上了。第二天，文武大臣见公子成都改装了，谁也不反对穿胡服了。赵王趁热打铁，向全国发出了改穿胡服的命令。

改穿胡服以后，赵武灵王又立即开始训练骑兵射箭的军队。他身体力行，带领将士们勤学苦练。

每天早晨，在野外的练兵场上，一队队赵国的骑兵身穿胡服，足蹬高统皮靴，腰扎皮带，搭弓射箭，精神焕发，一个个勇猛无比。赵武灵王一边看一边对肥义说：“中原各国打仗，总是大将站在战车上指挥，士兵跟在后面跑，远不如胡人骑马射箭灵活，一眨眼工夫冲过来了。连杀带砍，不可阻挡。咱们一定要好好学这个长处啊！”

肥义说：“我们有骑兵了，往后再也不用担心胡人来犯了！”

赵国渐渐兵强马壮起来了。赵武灵王多次同大臣们商量，讨伐中山国，讨回被强占的土地。赵王先率领训练有素、武艺高强的骑兵打败林胡，迫使胡王献出大量马匹。赵王利用这些马匹，进一步扩大了骑兵的实力。一切准备好了，赵武灵王下令讨伐中山国。勇猛强悍的赵国骑兵一口气夺下中山国四座城池，中山国王才慌慌张张地派一支步兵队伍出来迎战。

中山军队还是老式作战方法，战车前面开路，一副气势汹汹的样子。赵国骑兵一部分在前面进攻，一部分由赵武灵王亲自率领，悄悄绕到中山军队背后。赵王大声喊着：“冲啊！用我们的铁骑冲击敌军！”像一阵狂风呼啸着卷了过来，中山国军队一阵大乱，吓得连喊带叫：“神兵下凡了，神兵下凡了！”这一仗，赵军缴获了大批武器和粮食，中山国大伤元气，再也不敢欺侮赵国了，游牧族也不敢来侵扰赵国边境了。不到十年，赵国就成为战国后期的强国之一了。

赵武灵王肯于虚心学习他国长处，富国强兵，壮大自己。人们都称赞他是一位有胆识有作为的政治家和军事家。

屈原投江

屈原（约前 340—前 278），名平，战国时楚国人，是当时有名的政治家，也是我国古代第一个伟大的爱国主义诗人。

青年时期的屈原，学识渊博，才华横溢，具有远大的政治理想，主张任用贤能，修明法度，抵抗外国侵略。他胸怀大志，准备报效祖国。

可是，他生活的时代正是楚国由强盛转为衰弱时期。楚怀王昏庸无能，偏信偏听，没有充分发挥屈原的政治才能。屈原在楚怀王执政时期，多次遭到贵族统治集团中守旧投降派的诬陷。

有一次，楚怀王命令屈原起草制定一项国家法令，与屈原官职相同的上官大夫十分嫉妒。在屈原拟定法令的草稿还未完成的时候，就强迫屈原给他看，屈原不给，上官大夫就向楚怀王说：“屈原居功自大，目无国君，在别人面前吹嘘说这些法令要不是他屈原，谁也制定不了。”怀王听了非常生气，从此对屈原不信任，最后，还把屈原流放到汉北很长一段时间。

秦国经常与楚国对抗。秦昭襄王更是诡计多端，他当了秦国国王后，假装与楚王交朋友，客客气气地给楚怀王写信，请他到秦国的武关与秦

王会面同时订立盟约。楚怀王见信后很犹豫，不去怕得罪秦王，去又怕上当受骗。楚怀王连忙召集屈原等一些官员商议这件事。屈原对怀王说："秦王像虎狼一样凶狠，像狐狸一样狡猾，多次欺侮楚国，这次不是什么好事。大王一去，一定会中他们奸计的。"可是，以怀王的小儿子子兰为首的一些人却使劲地主张怀王去，说："咱们因为把秦国当敌人，结果死了好多人，又丢了土地。现在人家主动来与楚国和好，我们为什么要推辞呢？"楚怀王听信了子兰等人的话，高高兴兴地动身到秦国赴约。结果一进秦国的武关，就被秦国军队包围了，秦国军队把楚怀王一行人押到秦国京城咸阳软禁起来，秦王逼迫楚国拿土地来赎回怀王。怀王在咸阳扣押了一年多，吃尽了苦头，想起屈原的话，十分后悔，羞愧难忍，最后终于死在秦国。

楚怀王的儿子顷襄王当上了楚国国君，屈原劝他召集人才，远离小人，鼓励将士操练兵马，增强国力，为楚怀王报仇。他的直言相劝招来了一些人的仇视。这些人不断地在顷襄王面前说屈原的坏话："大王，屈原自以为了不起，总在大臣面前数落楚王，他说什么大王忘了秦国的仇恨是不孝，大臣们不主张抗秦是不忠。楚国出了这些不孝不忠的君臣，怎么能不亡国呢？大王，你听听这叫什么话，屈原是不是太傲了？"顷襄王听了大怒，一气之下把屈原革职为民，再次流放到湘江以南的贫困地区去。屈原抱着救国救民的志向，反倒遭受排挤、诬陷，他满腔义愤地过起了流亡生活。

屈原在政治上不得志，在文学上却有着辉煌的成就。屈原的代表作是《离骚》。这是我国古典文学中最长的抒情诗。全诗三百七十二句，二千四百九十字。诗中写了作者的身世、品行、才能和理想；写了反动贵族陷害忠良、误国殃民的罪行；写了诗人面对黑暗污浊的社会现实的苦闷心情；写了诗人对祖国对人民无比的热爱和忠贞。如诗中写道：“长叹息以掩涕兮，哀民生之多艰”，表达了诗人对劳动人民的深厚感情；“举贤而授能兮，循绳墨而不颇”，反映了作者举贤荐能的政治主张；“路漫漫其修远兮，吾将上下而求索”，说明了屈原坚定的理想追求。诗中有许多语言至今仍激励着人们爱国爱民，奋发向上。

屈原的不幸遭遇和高尚人格，尤其是他的爱国主义精神，受到广大人民普遍的同情和尊敬。农历五月五日，相传是屈原抱石自投汨罗江以身殉国的日子。当时，当地的平民百姓听说屈原投江了，纷纷划着龙舟来抢救，担心江里的鱼会损害屈原的身体，还用黏米、竹叶包成食品撒入江心，说是为了粘住鱼虾的嘴。后来，每年农历五月五日这一天，人民都用划龙舟、吃粽子等方式来纪念屈原。现在也是如此，提起爱国主义英雄人物，人们自然会想起屈原。

屈原不仅中国人民爱戴他，他也活在世界人民心中。早在唐朝时期，

屈原的作品就已传到日本。1852 年,《离骚》一诗有了德文译本传到欧洲。目前，屈原作品已被译成多种文字，成为世界文化宝库的珍贵财富。1953 年，屈原被列为世界文化名人，得到全世界人民的热爱和尊敬。

蔺相如维护国家尊严

战国时，赵国的上大夫蔺相如完璧归赵后，秦王派遣使臣到赵国，邀请赵王到西河之南的渑池会盟，以修秦赵之好。赵王畏惧秦国的威势不想去赴会。但廉颇、蔺相如认为，君王如果不应约赴会，就显出国君太胆怯了。在廉、蔺的鼓动下，赵王只好在蔺相如的陪同下，前去渑池赴会。秦王和赵王在渑池相会。筵席上，酒过三巡，秦王说 :“我曾听人说赵王喜欢音乐，请弹奏一曲瑟吧！”赵王就弹了瑟。秦国的史官立即在史册上写道 :“某年某月某日，秦王和赵王盟会，秦王命赵王鼓瑟。”赵国的君臣听了，都觉得蒙受了耻辱。这时，蔺相如走上前去说 :“赵王曾经听人说秦王擅长秦国的音乐，现在请大王表演，以助酒兴。”说着，相如就捧着瓦缶向前走了几步，跪在秦王面前，秦王不肯敲，相如说:“在这不到五步的地方，我的颈血可以溅到大王的身上！”在秦王身边的臣子都要拔刀杀死相如，相如瞪起双眼愤怒地呵斥他们,惊得秦国的臣子纷纷退后闪避。于是,秦王不得不敲了一下瓦缶。相如马上召来赵国的史官，让他记录："某年某月某日，秦王为赵王敲缶。"秦国的群臣为了挽回面子，提出："请赵国用十五座城作为对秦王的献礼。"蔺相如立即反击："请秦国用咸阳城作为对赵王恭敬的表示。"直到酒筵结束，秦王也没有占到便宜。

飞将军不教胡马度阴山

李广，陇西成纪(今甘肃省秦安县北)人，汉朝初期名将。

当时，汉朝主要的边患是北方胡地匈奴的入侵。李广为抗击匈奴，张弓搭箭，几乎一生全都在疆场上度过。他热爱祖国，英勇杀敌，为保卫边疆安全，立下了汗马功劳。

汉文帝十四年，匈奴又一次大规模入侵边疆，李广以良家子弟的身份从军攻打匈奴。因为他精通骑马射箭，杀死和俘虏了很多敌人，因有功，被选拔出来做汉朝皇帝的卫兵。到汉景帝即位时，派李广做陇西都尉，后来调做骑郎将。吴楚等七国叛乱的时候，李广担任骑都尉，跟随太尉周亚夫去讨平叛乱，在昌邑城下夺得了敌军的帅旗，李广立了功，出了名。

匈奴又一次大规模地侵入上郡，皇帝派亲信的宦官到李广部下受军事训练，参加抗击匈奴的战争。有一天，这名宦官带领几十名骑兵去刺探军情，忽然遇见三个匈奴人，就与他们打起来。那三个匈奴人扭转身来射伤了宦官，把几十名骑兵也差不多全杀光了。这名宦官跑回来告诉李广，李广说："这匈奴人一定是射雕的猎手。"立刻带领一百多名骑兵追过去。

李广命令手下骑兵散开分两翼包围过去，自己搭弓射箭射死了两个，活捉了一个。一问，果然是匈奴的射雕猎手。

李广他们刚把这位匈奴射雕猎手捆好，上马准备回汉朝军营，远远望见有几千名匈奴骑兵过来了。匈奴兵望见李广这一百多名骑兵，以为是汉军派来诱骗他们中计的疑兵，都大吃一惊，立刻上山摆开阵势准备迎战。李广手下的骑兵，不少人胆战心惊，想要飞快逃回汉营。李广对他们说："我们离开汉营几十里，现在这一百多人马往回跑不远，匈奴兵马上追过来，我们就全完了。现在我们停下来，匈奴兵一定认为我们是主力部队派来诱骗他们中计的，一定不敢来攻击我们。"接着，李广向手下骑兵发令说："前进！"一直前进到了离开匈奴阵地约有两里路的地方才停下来。然后李广又发令说："一齐下马，把马鞍全卸掉！"这时，骑兵们发急了，说："敌人这么多，而且距离我们这么近，万一情况紧急，又怎么办呢？"李广说："敌人以为我们会逃走，现在我们下了马，卸了鞍，表示不走，摆出让他们追的架势，他们更加相信我们是疑兵。"果然，匈奴兵一动也不动地观望着！

匈奴阵地上，有一个骑白马的军官，走出来监护他们的队伍。李广看见了，立刻上马同十几名骑兵飞奔过去，一箭把他射死。然后再回到自己队伍中卸下马鞍，叫士兵们都把马放了，躺下来休息。这时，恰巧天快黑了，匈奴兵始终捉摸不定，不敢前来攻击。到了半夜，匈奴兵认为汉军就埋伏在附近不敢前进，连夜撤走了。天亮后，李广才带着一百多名骑兵回汉营。士兵们都传颂李广的冷静、机智。

过了很久，李广连续征战，屡屡建功，从卫尉升调为将军。这一次，他领兵出雁门攻打匈奴。由于匈奴兵多势盛，打败了汉军，活捉到李广。匈奴主一向听说李广本领高，是个人才，命令部下说：“捉到李广，一定要活的给我送来。”匈奴兵把李广射成重伤，就让他躺在一张网里，挂在并排的两匹马中间抬着走。李广一路装死，走了十几里，偷眼看见旁边有个年轻的匈奴兵骑着一匹好马，马上要从李广身边走过，只见李广纵身一跳，跳到那匈奴兵的马上，夺了弓箭，把他推下马去，快马加鞭，向南飞跑。李广一口气跑了几十里，追上部下的残兵，就带着他们进了雁门关。当时，匈奴反应过来后派了几百名骑兵追李广一个人，李广一面忍着伤痛飞跑，一面取出那匈奴兵的弓箭，转身射杀追兵，最后终于脱险，连匈奴兵都说他勇敢，箭法好。

后来，李广负责镇守右北平这个地方，匈奴听说李广在那里，好几年不敢入侵那一带地区。李广入敌阵，快速如飞，连匈奴兵提起他都称呼他为“汉朝的飞将军”。

有一次，李广出外打猎，远远望见草丛中好像有一只老虎，一箭射去，箭头全钻了进去，老虎却不挣扎，近前一看却是一块大石头。连边地老百姓都知道他力气大。

李广为人廉洁，得了赏赐都分给自己的部下，吃喝都和士兵在一起，深受士兵拥护。

马追流星，箭穿巨石，奔驰在北国边疆战场上的李广，不愧是一位充满爱国热情的名将，他机智勇敢，与士兵同甘共苦，人民永远那么真诚地崇敬他、颂扬他。直到现在，人们还经常咏唱唐朝诗人王昌龄的《出塞》一诗：

秦时明月汉时关，万里长征人未还。

但使龙城飞将在，不教胡马度阴山！

卜式捐产守边防

卜式是汉武帝时河南人。他出身于一个普通的农民家庭，靠种田和放羊为业。父母去世后，卜式把父母辛苦一辈子挣来的绝大部分财产全留给了弟弟，自己只赶着一群羊到山林里谋生。十多年过去了，卜式辛勤劳动，羊发展到了几千只，于是，他又买了田地房宅，成为当地的富户。

当时，北方的匈奴人经常来干扰边境人民的生活，汉武帝连年派兵征讨匈奴，花去了不少人力和财力。卜式知道了这一情况，为了抗击匈奴，维护人民生活的安宁，他给本地的县官写信说，愿意拿出家产的一半，作边疆打仗的费用。县官转报给汉武帝。武帝觉得卜式这种行为很少有，连忙派一个使者来了解一下卜式为什么要这样做。

使臣亲自来到卜式居住的山庄，问道："卜式你捐家产给边防，是不是想要当官呀？"

卜式马上回答说："我从小就会放羊，不知道怎么做官，我不愿意当官。"

使臣又问："那么你家里有什么冤枉事吧，想通过这个办法申冤，你想说说吗？"

卜式回答说："我生来不和任何人争吵，我对乡亲们也很好，穷的我主动借给他们钱帮助他们生活，不善良的人我尽量说服他们从善，和我交朋友的人很多，我怎能受到别人的冤枉？另外，我根本没有什么要向朝廷说的事。"

使臣又说："假如真像你说的那样，那么你这样做又有什么要求呢？"

卜式想了想说："国家正在讨伐匈奴，我认为臣民应当为守卫边防尽义务，有钱出钱，有力出力，只有这样才能早日平息匈奴的祸患，我们才能过上平静的日子。除此之外，我没有任何要求。"

使臣听了卜式的话很为感动。回到京城后，使臣建议汉武帝召见卜式，但由于丞相不相信，没有召见，卜式仍然在山里牧羊、种田。

又过了一年多，由于连年征战，边境不得安宁，有大批移民不得不迁移内地，一切费用全都依靠国库支付，结果造成国库空虚，国家财政困难。当时，富豪人家都把钱财藏起来，不向朝廷捐献，县官们都感到很为难。这时，卜式又持钱二十万献给河南太守，作移民费用。河南太守把卜式的名字写在富人帮助穷人的记录册上，上报给武帝，武帝在记录册上看到了卜式的名字，联想起以前他捐家产给边防的事迹，这才认为卜式是一位爱国爱民的忠厚长者，于是拜卜式为齐王太傅。

又过了一段时间，南方边境有外族侵犯，卜式又给朝廷写信要求和他儿子一起到南方守卫祖国边疆。汉武帝很佩服卜式的爱国精神，想利用卜式的事迹来带动一些官员去守卫南疆，于是下诏书说："卜式虽然是牧羊种田的农民，但他不自私，在国家有困难的时候，能积极主动为国分忧，不仅为国家捐献余钱，而且父子愿意为国赴难。虽然还没有去前方打仗，但表现出他们的忠义之情。我赐他为爵，赏他黄金十斤，田地十顷。"这一诏书用布告的形式公布于全国，号召官员们以卜式为榜样，为国分忧。卜式毁家产赴国难，深受汉武帝赏识，后来，封卜式为御史大夫。

国家兴亡，匹夫有责，卜式的高尚情操，一直激励着后人。

张骞与丝绸之路

张骞(?—前114)，汉中城固(今陕西城固)人。汉武帝时曾在朝廷里做过中郎将。他当时出使西域是为了联合友好邻邦抗击匈奴侵略，保卫国家，但在历史上更有意义的是他开辟了一条促进中外物质、文化交流的“丝绸之路”，为国家的繁荣昌盛作出了贡献。

丝绸是我国古代劳动人民的智慧结晶。古罗马作家赞誉丝绸“彩色像野花一样美丽，质料如蛛丝一样纤细”，称中国为“丝国”。汉代以后，一直到13世纪，大量轻柔华美的丝绸，通过河西走廊，沿着昆仑山脉和天山山脉，向西运往西域和地中海东岸。后来，人们称这条横贯亚洲大陆，长达七千多公里，连通了中国与西方各国的古代最长的陆上商路为“丝绸之路”。

“丝绸之路”的开通，是许多世纪各国人民不断努力的结果，但是人们永远不忘两千一百多年前张骞为开辟这条道路所作出的不朽功绩。

西汉时期，人们把甘肃敦煌以西、天山南北以及伊朗高原等地称为西域，这一带有大小政权几十个。公元前 2 世纪初，匈奴占领了这一地区。汉武帝即位后，决定联合匈奴的宿敌大月氏和乌孙夹击匈奴。张骞应征出使西域。

公元前 138 年，年轻的张骞带一百多人，从长安出发，向西行进，有个叫甘父的匈奴人当向导。他们昼夜兼程，越过长城后，不幸遇上了匈奴骑兵，张骞一行寡不敌众，全部被俘。匈奴单于把张骞软禁了十多年，一直威逼利诱，他始终没有屈服。后来，乘匈奴人的疏忽，和几个随从逃了出来。在甘父的指引下，他们继续西行，在荒无人烟的高原沙漠中行走，靠射杀飞禽走兽充饥，一连走了几十天才到达大宛国。

大宛国王早就希望与汉朝建立友好往来关系，见到来使，非常高兴，并派人护送张骞等一行人去大月氏。历尽千难万险，张骞终于到达目的地。但是，这时的情况已经发生了变化，大月氏西迁后占据了大夏（今阿富汗一带）的故地，那里物产丰富，周围很少发生争战，人民安居乐业，大月氏国王安于现状，已经不想再与匈奴为敌了。张骞无可奈何，只好离开大月氏去大夏国。在大夏都城的市场上，他见到了大月氏的毛毡，大秦国的海西布，安息国（今伊朗）的货物，尤其令张骞惊奇的是市场竟有汉朝四川的竹杖和蜀布。这是由古印度贩运来的。他由此考察推知从四川有路可通古印度到大夏。经过一番考察，他们从南路几经周折，于公元前 126 年回到汉朝。

张骞第一次出使西域前后历时十三年，跋涉万余里，到过许多国家和地区，了解了沿途的风土人情、地形物产和政治、军事、经济文化等状况，传播了中华民族对外族的友谊。这是历史上我国政府派往西域的第一个使团，史书上誉为“凿空”，即是一次空前的探险。他们出发时一百多人，回来时只剩下张骞和甘父两个人了，足见此行之艰难。张骞向汉武帝作了详细报告，并建议和西域各国友好往来，共同联合抗击匈奴。汉武帝十分重视张骞的报告，认真分析了形势，采纳了他的建议，并任命张骞为太中大夫，做皇帝的参谋。他的向导甘父被提拔为奉使君，都成为有功之臣。张骞的西域之行报告为后世留下了研究当时西域各国历史地理的宝贵资料。

公元前 119 年，汉武帝任张骞为中郎将，第二次出使西域。张骞率众多副使、随从，带万头牛羊、大量丝绸，到达乌孙国，派副使去大宛、康居、大月氏、大夏、安息、古印度等国。张骞于公元前 115 年回国。同时，他派出的副使都圆满完成任务，和各国使者一同返回长安。汉朝与西域各国的友好往来正式建立了。

张骞历尽艰辛出使西域有利于人类进步、文化交流。以后，中外使者、商人，沿着张骞开通的友好道路，来往络绎不绝。西域出产的葡萄、核桃、大蒜等传入汉地，汉族的农业生产、打井、炼铁技术传到西域；西域的音乐、舞蹈、绘画、杂技传入汉地，汉族的丝绸等产品走进西域，丰富了各国人民的精神和物质生活。

张骞回到长安第二年就病逝了。他一生出使过三十六国，加强了中原与西域各族人民的联系，进一步发展了汉朝与中亚各地的友好关系，促进了各族之间的政治经济文化的多方面交流与发展。“丝绸之路”成为一条友谊之路。

霍去病抗击匈奴

匈奴原是中国古代北部边境的一个少数民族，以游牧为生。该族人生性剽悍，经常骚扰汉朝边境。他们攻城掠镇，抢劫人口、财物和牲畜，是汉朝前期最大的边境祸患，就连汉高祖刘邦，也曾遭到过匈奴的包围和攻击。为了边境安宁，汉朝廷曾多次采取向匈奴大量送礼、送公主下嫁单于(匈奴最高首领)等措施。但是，无论实行贿赂还是“和亲”政策，都一直不能从根本上解决问题。

汉武帝刘彻是个英武强悍的皇帝，在他即位以后，一直考虑着如何消除这一边患的问题。经过长时间的酝酿，他决定对匈奴用兵，主动出击，澄清边疆。公元前 135 年，汉武帝采纳了大臣王恢的意见，派出大军三十万人，拟采取诱敌深入的计策歼灭匈奴。在眼看计谋就要成功的时候，不慎走漏了消息，单于率众逃离了包围圈，汉军将士们功败垂成。但汉武帝并不气馁，公元前 124 年，雄心勃勃的汉武帝毅然否决了某些大臣立足于防守的奏议，选派车骑将军卫青，率六员大将，统领十万精兵，主动发起了进攻，取得了汉匈交战史上首次大胜，这更加坚定了武帝消灭匈奴的信心。第二年再派卫青、李广等大将出师征讨匈奴。在这次行动中，卫青的外甥、只有 17 岁的霍去病自愿要求随军杀敌，为国效力。卫青很高兴，便答应了他的请求。

汉军穿过茫茫沙漠以后，少年志壮的霍去病主动请求，要亲自率一队人马寻找匈奴作战。经卫青批准后，他便独自率领八百轻骑，离开了大队。

在离大营百余里的地方，他们发现了敌军大队人马。霍去病沉着冷静，指挥轻骑，以闪电般的速度迅速突入敌腹部，冲乱了敌人的阵势，打得敌人蒙头转向，杀虏敌军二千余人，全军而返。慧眼识才的汉武帝，通过对战场上将士们的实绩考核，认为霍去病是个将才，不但破格加封他为冠军侯，而且又于元狩二年 (前 121) 大胆地任命他为骠骑将军，命他率一万骑兵，由陇西出发，孤军深入沙漠，寻找匈奴主力作战。

虽然汉军这时已经多次击败匈奴，在战场上连连取得胜利，但是，匈奴的主力还没有遭到多大伤害。因而，汉武帝一直感到这是一块心病。他决心一鼓作气，不给匈奴以喘息的机会，消灭它的主力，彻底战胜它。但寻找匈奴作战不是一件小事，任命霍去病出战，使一些老臣都暗暗为朝廷捏了一把汗。心想，霍去病前番出战，虽然获胜，但不够持重，未免冒险。威名赫赫的卫青还要有许多大将帮着才能取胜，霍去病论年龄才刚刚 20 岁；论资历远不及卫青和其他抗击匈奴的将领；论兵力，只有一万人，仅是前几次出击匈奴兵力的十分之一甚至几十分之一。以这样的情况，皇帝怎么敢让他孤军深入大漠呢？其实，汉武帝自有想法，他成竹在胸，主意已定，虽然看出了老臣们的忧虑，但却视而不见，只是微微一笑，并不垂询。只是在霍去病出发不久，另派出张骞和李广两位将军，出军右北平击敌，以牵制敌人。

且说这霍去病年轻无畏，敢担风险，不像有些谨慎持重的老将军那样畏头畏尾。他率军一路疾进，越过焉支山(今甘肃省山丹县东南)，深入千余里，终于找到了匈奴大队。他勇敢地与匈奴大军短兵相接，在皋兰山(今甘肃临夏附近)下与敌人展开鏖战，歼敌一万八千余人，杀死了两名重要的匈奴首领，活捉了昆邪王的太子、相国和都尉，连匈奴休屠王祭天用的金佛像也成了战利品。紧接着，他又指挥军队第二次出击，孤军直插祁连山(今甘肃张掖西南)，与匈奴大军会战。这一仗，竟俘虏匈奴王五十名，王母、阏氏(王后)、王子共五十九人，相国、都尉等六十三人，斩杀敌兵三万余人,虏获财物不可计数。这是汉兵对匈奴最重的一次打击，经过这一战，匈奴被迫放弃了焉支山和祁连山这两道天然屏障。他们悲哀地唱道：

亡我祁连山，使我六畜不蕃息。

失我焉支山，使我妇女无颜色!

霍去病胜利凯旋，武帝非常高兴，认为他年轻有为，决定让他去学习《孙吴兵法》。霍去病说："为将须随时运谋，何必定拘于古法呢?"武帝并不强迫他，便又要为他修建府第。霍去病仍然没有答应，他严肃而又动情地辞谢说："匈奴未灭，何以家为!"话虽不多，但充分表现了这位年轻将领以国为家的忠勇精神，武帝很感动，对他更加信任和倚重了。

后来，霍去病与大将卫青等再次受命，各率军五万人，分两路打击匈奴。霍去病领兵出塞二千余里，与匈奴左贤王接战，捉获王三人，将军等官员八十三人，捕斩敌军七万多，穷追残敌直至瀚海。另一路军亦获大胜，打得匈奴头子伊稚斜单于只带数百名残兵落荒而逃。匈奴遭到这次重创以后，只好远迁汉北。长安西境人民，从此过上了一个时期的安定生活。另外，通往西域各国的道路也打通了，经过武帝的努力，西域各国纷纷派使者带着当地的特产前来通好，不但加深了汉朝同各国各民族的友谊，而且由于互通有无，互相学习，也促进了各国文化与生产的发展。

苏武牧羊的故事

公元前 100 年，汉武帝正要派兵讨伐北方的匈奴，忽报匈奴鞮侯单于(匈奴最高统治者)已把过去拘留的汉朝使者全部放回来了,并奉书求和。武帝听了报告，接见了使者，又看了来书，见匈奴使者和来书均谦卑有礼，不禁欢喜起来，心想连年用兵，已使国库空虚，现在如果能同匈奴修好，的确是一件好事。于是，他下令释放汉朝拘留的匈奴来使，任命中郎将苏武为使送归。另外还特地修书一封，连同大量金银财物，令苏武一并带给匈奴单于，以表示修和结好的诚意。

谁知那鞮侯单于并不是真心同汉朝和好，所以送回汉使，自称儿辈，原来是缓兵之计。他见汉天子派苏武送归使者，厚赠金银，认为武帝中了他的奸计，更加骄傲起来。苏武看穿了单于的真相，心想先不露声色，待返回汉朝再启奏皇上不晚。谁知，却偏偏发生了意外。

在苏武出使前，汉使卫律背叛朝廷投降了匈奴。他手下有个叫虞常的人，表面投降了，但内心却在等待时机，希望能立得功劳，重返汉邦。正好苏武一行到了匈奴，虞常便去拜访他熟识的副使张胜，对他说愿意杀掉卫律。张胜并不和苏武商量，擅自表示同意，还送他许多财帛。不料机密泄露，虞常被捉。张胜害怕了，这才把事情经过告诉苏武。这时，虞常受刑不过，招出了张胜。单于听了大怒，立刻命令卫律召苏武受审。苏武叹道：“辱没了国家使命，还有何面目复归汉朝？”拔出佩剑，便向自己的脖子抹去。卫律大吃一惊，慌忙上前抱住，苏武已血流满身，直急得卫律命令左右，快马加鞭速去找医生。经过医生长时间抢救，苏武终于苏醒过来。单于非常佩服苏武的气节，早晚都派人去问候他，暗暗地却打起了招降他的主意。

苏武的伤刚好，单于就派卫律通知他参加判处虞常的事，打算趁机迫令他投降。卫律从狱中提出虞常，当场宣告死罪，把他斩首。接着对张胜说:“汉使张胜谋杀单于大臣，本应处死，不过，如若投降，尚可免死！”说罢便向张胜举起了宝剑。贪生怕死的张胜连说愿降，做了可耻的叛徒。卫律冷笑着瞅瞅苏武，厉声喝道：“副使有罪，苏君理应连坐！”苏武正色回答说：“我本来就没有和他们同谋，又不是他们的亲戚，如何谈得上连坐？”卫律拔出宝剑直逼苏武，苏武把头一昂，毫不动容。在大义凛然的苏武面前，卫律的手反倒抖了起来，他忙把剑缩了回去，一改怒容，和颜悦色地说:“苏君，我卫律自从归顺匈奴，深得单于恩宠，不但受封为王，拥有数万人众，而且牛羊牲畜漫山遍野。苏君今日若肯归降，明日就可以与我一样。以血肉去滋润旷野，又有谁会知道你呢？”苏武听了，眼皮都没抬一下。卫律又说：“苏君若归降过来，我愿与君结为兄弟；若不听我劝，恐不能再见我面了。”苏武听到这里，不禁勃然大怒，站起身来，直指着卫律斥骂道：“卫律，你曾为汉朝臣子，如今忘恩负义，叛国离亲，甘心降敌，我要见你做什么？”一席话把卫律骂得哑口无言，脸由白变红，一直红到脖子根。

单于无计可施，只得下令把苏武禁闭在一个大地窖里，不给饭吃，不给水喝。苏武躺在地窖里，不由思绪万千，他想起汉皇给自己的使命，想起了家中的妻儿老母，想起了那雄伟壮观的

长安城……他越来越感到饥饿难忍，但地窖里除了一块破毡之外，什么东西也没有。实在饿极了，他就撕块破毡放进嘴里，再把手伸向门外，抓回一把雪来，就着雪把毡吞下去……就这样一连过了许多天，竟然没有饿死。迷信的单于以为神灵在保佑苏武，不敢杀害他，就把他流放到北海那荒无人烟的地方，给他一群公羊让他放牧，说等到公羊下了小羊，才准许他回国。

在荒无人烟、茫无边际的北海草原上，要生存是极其艰难的。没有粮食，苏武就挖野菜、捉老鼠充饥。他早已把生死置之度外，却始终手持着汉武帝送给他的使节，无论白天放羊还是晚上睡觉，这使节从来没有离开过他。一年又一年过去了，一连过去了十九年。十九年来，虽然单于多次派人劝降，但他矢志不移，他说："我不能对不起皇上，不能对不起祖宗，不能对不起父母之邦。"他经常孑然一人，怀抱着使节，凝神南望，心中反复地重复着自己的信念："总有一天，我会举着这使节重返故国的！"

这一天终于被他等到了。汉武帝死了以后，汉昭帝即位，经过几年努力，汉朝终于与匈奴恢复了和好关系。汉朝要求匈奴归还苏武，匈奴单于撒谎说："苏武已经病死了。"后来，汉朝使者到匈奴去，让当年苏武的副使、坚决不降、被罚做苦工的常惠听说了，他设法见到了汉使，细述了详情，并同使者一起商量好了救出苏武的计策。第二天，汉使又去见单于假说皇帝打猎的时候，射下一只雁来，雁腿上缚着苏武书信，说他正被流放在北海，因而天子要求单于立刻放苏武回来。单于终于无话可说了，只好下令放出了苏武。在汉使的坚持下，常惠等人也都获得了释放。

坚强不屈的苏武终于回来了，长安人民听到消息后，都自动拥到大街上迎接。当年苏武出国时年方40，现在已步履蹒跚；当年跟随他出使的共有一百余众，于今生还者只有九人。人们望着须发尽白的苏武手执光秃秃的使节，带领着饱经磨难的同伴们一步步走来的时候，无不感动得热泪滚滚。

苏武拜见汉昭帝，交还使节。年轻的昭帝手抚旧节，听着苏武的叙述，眼泪禁不住扑簌簌掉下来，大臣们没有一个不流泪的，人们被苏武和他的同伴们深深地感动了。

苏武牧羊的故事，已经过去两千多年了，却一直在民间流传；苏武那不屈不挠、爱国报国的赤胆忠心，永久地留在了中华民族的史册中。

神医华佗为人民

华佗是东汉末年三国时期名医，字元化，谯县(今安徽亳县)人，与著名政治家、军事家曹操是同乡。生卒年无可考，但其行医事迹，在《后汉书》、《三国志》两部正史中确有记载，其间虽不乏神奇色彩，却表现出华佗为人正直、不慕功名、愿在民间从医的精神，和他那种医道娴熟、长于诊断、善于治疗、精益求精的高尚医德。

华佗天资聪慧，勤勉善学，幼年便立志从医，曾在徐州一带游历求学拜师访友，受过系统的医道训练。由于他精通典籍、学识出众，被沛国相陈圭荐举为孝廉。一些官员也重其才拟聘他为幕僚，均被婉言谢绝。

由于华佗专攻医道，在内外科、妇科、小儿科及针灸等方面样样精通，大有手到病除、起死回生之妙，被人民誉为“神医”。

华佗一生行医的宗旨是：救死扶伤，为人民解除疾病之苦。他不管是被人请去就诊，还是在家中、在路上、在民间和官府，上至太祖，下至平民百姓，他都遵照从医为人民的思想，一视同仁，有求必应，尽到了医生的职责。这主要体现在华佗在民间从医的实践活动中。

华佗以“切脉精绝，断病如神”的精确诊断为人民从医。一位妇女怀胎六个月，腹痛不得安宁，请华佗诊视。他看了脉象诊断说，你是怀孕期间受了伤，胎儿已经死在腹中。并让人用手探摸胎儿的位置，在左边的是男婴，在右边的是女婴。摸者告诉他在左边，华佗立即配药为之打胎，果然打下来的一个男婴形的死胎，这位妇女的病也就痊愈了。

华佗以“对症施治，灵活多变”的科学态度为人民从医。郡府中的官吏儿寻、李延一块来找华佗看病，两人都是头疼发热，所感觉的病完全一样。华佗说：“儿寻应当用下泻药，李延应当发汗。”当时有人提出疑问，为什么同病而治疗方法不同。华佗说：“儿寻的身体外实内虚，李延的身体内实外虚，所以治疗他们应用不同的方法。”随即给两人不同的药，次日早晨两人的病都好了。又有一位太守患病，华佗看过后认为，这个人大怒一场病就会好。于是他采取了对症施治的激将法，要了病人许多钱却不给他治病，临走时还留下一封信大骂这太守，太守勃然大怒，下令把华佗捉回来杀掉。太守儿子深知华佗的真实用意，嘱咐手下人不要追赶。太守愤怒到了极点，

吐了几升黑血，病就全好了。

华佗以“精通外科，手到病除”的医术为人民从医。一次，一个腹痛非常厉害的患者被送到华佗家里，华佗为病人诊过脉，又按按肚子，断定病人患的是肠痈(即阑尾炎)。华佗认为病得很重，靠针灸和药物是不行的，非开刀不可，于是便给病人服了自制的“麻沸汤”进行麻醉，立刻手术，割去了阑尾，用丝线缝合后，再敷上一种称作“神膏”的药，过了几天，病人的伤口完全愈合，一个月后，恢复了健康。又有一次，来了一位病人，肚子像刀切似的疼，已经十多天了，连胡子和眉毛也脱落了。华佗看过后认为，他的脾脏部位有一串已经腐烂，应该剖腹治疗。于是动了手术，割去了烂肉，用药膏敷上伤口，吃了些汤药，过了百天，这个病人也恢复如常。

华佗针灸娴熟，奏效奇特。魏王曹操得了名叫“偏头风”的头疼病，每当发作，心乱眼花，坐立不安。便征召华佗为身边“侍医”。每当曹操头疼，华佗就用针扎膈腧穴位，为他针刺治疗，结果手到病除，一针见效。督邮徐毅得了病，华佗前去看病。徐毅对华佗说：“昨天叫医曹吏刘租在胃管扎针后，便不时咳嗽感到难受，想睡也睡不好。”华佗断定说:“针没有扎到胃管，却错扎到肝上，这样饮食会一天天减少，五天后就死无可救了。”结果同华佗说的一样。

华佗不仅热心从医，还积极倡导“预防为主，注重保健”的思想。他认为，单纯用药物治疗，不能确保人们的身体健康，只有锻炼身体，增强体质，才能收到预防和辅助治疗疾病的良好效果。由于华佗自己注重保健，锻炼身体，所以，年近百岁仍保持着壮年人的身心，身板硬朗朗的，到处行医看病。他经常教导学生说，人要经常运动，但不要过度。运动能使食物容易消化，血脉流通，病不得生，就像“户枢不蠹”的道理一样。同时，华佗还模仿虎、鹿、熊、猿、鸟五种动物的动作，创造了一种名叫“五禽戏”的体育锻炼法，用以增强人们的体质。据说他的学生吴普用华佗的“五禽戏”锻炼身体，体质非常健康，活到九十多岁，还耳不聋，眼不花，牙齿也很坚固。华佗的“五禽戏”一直流传到现在，是我国气功中“动功”的重要组成部分，对于增进人民的健康，仍然发挥着重要作用。今天，我国人民继承和发扬了华佗“圣人不治已病，治未病”的以预防为主的思想，以严肃科学的态度，高速度地发展着我国的医疗保健事业。

华佗为人民从医的可贵之处，还表现在他“辞御医留民间，死前献书表心愿”的高风亮节上。华佗留在曹操之处，成为五公贵族的保健医，论条件和待遇，应该说是优厚的，但华佗一心想着的是人民患病之疾苦，因此，假借妻子有病而离开曹府，竟一去不返。曹操见多次征召不回，大发雷霆，派人捉拿华佗关进许昌大狱，最后下令杀掉华佗。临行前，华佗将自己用几十年所积累的经验撰写出的一部医著，交给了狱卒，想为后人传下自己的技业，而狱卒生怕因此而获罪，不敢接受。华佗怀着无比的忧愤和痛苦的心情，含泪将医书投入火中焚烧。书虽化为灰烬，千余年来，华佗这种无私奉献的精神却受到人民的赞颂。

华佗的一生，是为人民从医的一生。他的足迹遍布江苏、山东、河南、安徽等地。人民永远怀念着“神医”，至今还在民间流传着不少关于华佗的传说。为了纪念他，古人在徐州建了华佗墓，在安徽修了华祖庙，两座古建筑物，至今保存完好，供人们敬仰、悼念。华佗在人民心中，是一位永远值得纪念的“神医”。华佗为人民从医的崇高医德永垂青史。

荀灌娘智勇突围求救兵

东晋时期，有一位叫灌娘的小女孩，她的父亲是襄城守将荀崧。灌娘很小的时候就很有志气。她想，自己虽然是个女孩，但当国家需要的时候，我也要冲锋陷阵。因此，她经常缠着爹爹学武艺。

有一年，背叛了朝廷的杜曾，突然领着大队人马向襄城展开了进攻。当时，襄城守军很少，面对数倍于己的敌人，荀崧下令坚守。敌人攻不下襄城，就把襄城团团包围起来，企图以围取胜。这样，一围就是几个月。城里的粮食越来越少，煮饭的柴草也不多了，而敌人却没有撤退的意思，情况万分紧急。

荀崧召集部下商量对策，大家都以为唯一的办法就是派人突围，向驻扎在离这里最近的平南将军处求救。但是具体派谁去担当这一重任呢？望着里三层外三层的叛军，众将领谁都不敢吱声。

就在大家面面相觑的时候，刚刚13岁的荀灌娘站了出来，自告奋勇去请救兵。她怕别人不信任她，还当众讲出了自己智

突重围的计划。计划讲得头头是道，竟说得大家连连点头。荀菘对女儿的勇敢和才智惊喜万分，然而考虑到她年纪太小，仍然感到派她去很不放心。灌娘看出了父亲的心思，便对父亲说："父亲不必担忧，女儿会处处小心的。现在当务之急是快把信送出去，要是耽误了，全城百姓都会性命难保啊！"

灌娘的一番话，使荀菘深为感动，终于下了决心，答应了女儿的要求。他亲自挑选了几十名勇士，让他们跟随灌娘行动。

当天夜里，月黑云低。荀灌娘辞别了父亲，于半夜时分率领勇士们悄悄翻越城墙，准备伺机突围。谁知，其中一名勇士不小心弄出了响声，响声惊动了敌人。敌人营中立刻锣鼓齐鸣，敌兵敌将蜂拥般追杀过来。危急关头，荀灌娘沉着冷静，指挥着勇士们边战边走。有一个敌人骑兵冲杀过来，只见灌娘弯弓搭箭，一箭将敌兵射下马去，她迅速前跑几步，飞身跃上了敌人的战马。勇士们受到了启发，也都学着灌娘的样子，拼力搏击，杀敌夺马。不一会儿工夫，灌娘率领的勇士们就变成了一支骑兵。只听灌娘一声号令，勇士们突然撇开了与之厮杀的敌军，举枪催马飞驰而去，一口气跑到了平南将军的驻地。

平南将军石览听罢灌娘的报告，对灌娘一行敢于舍身为国、智勇突围的精神和行动，既佩服又感动，立即号令三军，出兵援救襄城。

叛军打探到了消息，十分吃惊，赶紧撤出围城部队，连夜仓皇逃走了。

襄城的重围解除了，全城军民一片欢腾，在庆祝守城胜利的时刻，人们交口称道荀灌娘——这位智勇双全的小英雄。

孝文帝促进民族融合

中国是一个多民族的国家。在历史上，各民族之间并不是界限固定不变的，而是相互不断融合的。

20 世纪初，人们在河西走廊的鸣沙山莫高窟石室发现了一批书，这批被称为“敦煌遗书”的文献中有这么一首诗，大意是，你我两个好比泥人，将两个泥人一齐打破，仍用这堆泥再捏一个你，再捏一个我，到那时候，你泥中有我，我泥中有你。这“你泥中有我，我泥中有你”正是中华民族大发展、大融合的绝妙写照。

在漫长的历史长河中，不仅汉族统治者和汉族人民为民族融合作出了努力，少数民族统治者中一些有作为的政治家，也在客观上为民族融合作出了贡献。其中著名的有鲜卑族的北魏孝文帝拓跋宏。鲜卑族在三国时代还处在原始社会末期，他们在中原地区取得政权后，开始了封建化的过程。鲜卑贵族在生活上要求得到较高的物质享受，在文化上也乐于吸取文明较高的汉族文化。当时，他们和汉族有矛盾的一面，但是在经济上封建化的客观现实，又使他们和汉族有融合的一面。北魏孝文帝认真地分析了这一形势，为了适应这一历史发展的必然趋势，为了加强对中原地区的统治，消除鲜卑族与汉族之间的隔阂，他拉拢汉族贵族阶层，主动接受和吸取汉族文化的长处，通过迁都洛阳和汉化政策等具体举措，大大加快了黄河流域民族融合的步伐。

北魏原来的都城是偏北的平城（今山西省大同市）。孝文帝为了更快地接受封建文化，决心把都城迁到洛阳。开始，这一决定遭到许多鲜卑贵族的强烈反对。孝文帝一一找这些贵族谈话，说明平城不能作为文治的中心，争取了他们对迁都的拥护。公元493年，孝文帝以“南伐”为名，发兵二十万向洛阳进军。大军到洛阳后，他表示还要南进，群臣一看远离故土都纷纷跪下，请求不要再南进了。这时，孝文帝讲，你们既然不想“南伐”，那么就必须按我的旨意做：迁都洛阳。同时，孝文帝下令说，愿意迁都的站在右边，不想迁的站在左边。这时，所有随军贵族、官员都纷纷站到了右边，左边空荡荡的。孝文帝高兴地勒住马宣布不“南伐”了，定都洛阳!

不久，洛阳城花团似锦，各族人民一片祥和。孝文帝下令，鲜卑人改穿汉人服装，学讲汉话，并把鲜卑姓改为汉姓。如孝文帝自己姓拓跋，改为姓元，所以史书上记载拓跋宏也为元宏，还有把鲜卑姓独孤改汉姓为刘等等。他还以法令形式告知天下，要改革鲜卑族一些旧的风俗习惯，学习汉族歌舞、诗赋等先进文化，禁止鲜卑族同姓通婚，鼓励鲜卑族和汉人结婚，他还娶汉族大姓为后宫，以示提倡。在土地田亩制度、政权统治等许多方面，孝文帝都采用汉族的一套封建制度。这些措施，扩大

了他的统治基础，争取了汉族士族阶层对北魏统治的有力支持。但是，改革并不是一帆风顺的，这些措施也遭到了一些鲜卑族顽固贵族的反对。一些怀旧势力还策划太子拓跋恂发动叛乱，来推翻孝文帝的统治，以此来反对孝文帝的汉化政策。孝文帝得到消息后，毫不客气，不但罢了一些鲜卑怀旧贵族的官，还把太子恂囚禁起来，直到废为平民。一些贵族多次在平城起兵，阴谋自立一国，也多次被孝文帝严厉地镇压下去。以后，各项改革措施逐渐推行下去，得以实施，大见成效，给北魏社会发展带来了一些兴旺景象。

北魏孝文帝的开化政策，使北方各族在经济、文化、风俗、习惯上渐趋一致，为华夏各族大融合奠定了坚实的基础。

唐太宗以民为重

公元 627 年，唐朝开国皇帝李渊的次子李世民登上了皇位。当上皇帝以后，他开始感到肩上的这副担子实在不轻啊。

当时的唐朝，是在隋末天下大乱的基础上建立的。连年的战乱，使社会经济生活遭到严重的破坏。黄河以北许多地方，旷野千里不见人烟；江淮之间，田地里到处长满野草。全国人口只有三百万户，只及隋朝极盛时人口的五分之一。庞大的军队，众多的官员，只能靠苛捐杂税维持。老百姓受不了，只好弃地逃亡，流浪他乡。土地荒芜太多，又造成了粮食奇缺，长安粮价最贵时，一匹绢才能换到一斗米。

如何把国家从危机边缘解脱出来？李世民冥思苦想，逐渐悟出了“民为邦本”的道理。他对大臣们说：“君主依靠国家，国家依靠百姓，靠剥削百姓来侍奉君主，等于割自己的肉充饥。”“人君的灾祸，不是从外面来，总是自己造成的，人君贪欲太多就要多费财物，多费财物就要多加重税收，税收加重了百姓愁苦，百姓愁苦国家就危险。”“治国好比种树，树根牢固，树叶就茂盛了。所以，为君之道，必须先存百姓。”于是，他听从大臣魏征与民“安静”的意见，采取了一系列利国利民措施：

第一是减轻赋税。对山东等一些受灾严重的地方，甚至免税一年。个别地区，他还安排救济饥民。

第二是大力兴修水利，促进农业生产。

第三是想方设法增加人口。他派使者与突厥谈判，让其归还掳去的中原百姓；同时下令放逐长期被关在宫中伺候皇上的宫女三千人。另外，还规定凡是到了一定年龄未成家的男女青年，由州、县官帮助他们及时结婚。

第四是尽力克制自己的欲望。他提倡节俭，反对奢侈，不但自己住在前朝留下来的旧宫殿里，不劳动百姓大兴土木，而且还规定了王公以下的住宅、车服、婚嫁等的标准，不准任何人超越规格。

第五是认真贯彻他父亲制定的均田制，实行计口授田，规定每个丁男应有田三十亩，努力使老百姓有田种，有饭吃。

为了促进农业生产，他不但组织委派官员到各地“劝课农桑”，而且还亲自在宫廷后面开了几亩地，带头种起了庄稼，他的妻子长孙皇后见皇帝在“躬耕”，便也立即组织起后宫的妃子、宫女，学农村妇女的样子，养起蚕来。皇帝和皇后的行动，不但对当时农业生产的恢复和发展起到了较好的推动作用，而且通过亲身对劳动的体验，也使他们真正体会到了农业生产的辛苦，在一定程度上缩短了同劳动人民感情上的距离。有一次，他对即将分赴各地“劝农”的使者说：“我才试种了几亩地，就感到很疲乏。我想，农夫种田几十亩，终年不息，他们就更加辛苦了。所以你们到州县去，一定要亲自到田头垅间去看看，不得叫人迎送。如果送往迎来，误了农时，这样的劝农还不如不去。”作为一个封建帝王，如果没有亲身的劳动实践，是说不出这番话的。

李世民登基这一年八月，夏天的酷暑还没有消去，连绵的秋雨就接着来了。李世民过去在战斗中多次负伤，每逢阴雨天气，伤处就隐隐作痛。有的大臣提议建一座高而干燥的新宫殿，让皇帝避潮湿。李世民也希望改换一下住所的环境，当时也就同意了。可事后他找了几个工匠计算了一下耗费，需要花不少的钱。李世民犹豫了，他想，战争刚刚结束不久，国库十分空虚，为了自己舒服，花这么多钱值得吗？他联想起汉文帝的故事来。当年汉文帝曾打算建一座露台，后来听说要花费一百斤黄金，就舍不得了，认为“一百斤黄金相当于十户中等人家的财产”，不想劳民伤财，就把那个项目停了。李世民对建议修殿的大臣说：“我的功德不如汉文帝，但修殿耗费却超过了一百斤金子，这件事还是不要办了！”

由于李世民采取了许多有利于生产、有利于人民的措施，加之他本人能够以身示范，以民为重，爱护民力，满目疮痍的中国大地，慢慢地复苏起来，并以较快的速度得以发展，终于达到了唐代政治、经济的最高峰，那就是历史学家们津津乐道的“贞观之治”。

松赞干布和文成公主

松赞干布出生于吐蕃“赞普”之家，吐蕃是藏族聚居的地方，“赞普”就是藏族当时的最高领导人。松赞干布 13 岁的时候，父亲被人毒死。少年的松赞干布继承了赞普的位置，依靠自由民和中小贵族的支持，用了三年时间，剿平了大贵族的叛乱。松赞干布是个文武全才，不但有一身过硬的骑马射箭的功夫，而且还能吟诗作歌，因而深受藏族民众的爱戴。在他的领导下，吐蕃逐渐强盛起来。

在吐蕃发展的同时，唐王朝正值贞观盛世，唐太宗文治武功的盛名传遍天下，被周边民族首领尊为“天可汗”。松赞干布早就非常仰慕生产和文化都比别人先进的大唐，所以，贞观八年，他派出一批使者，带礼物到长安朝见唐太宗。太宗皇帝很高兴，很快就派出使者，到吐蕃答聘（回访）。

松赞干布通过与唐朝使者的接触，了解了许多新鲜的东西，使他对汉族先进的文化和生产技术更加羡慕。于是，贞观九年，他正式向唐朝提出求婚的要求，但是，没有得到允许。贞观十四年，松赞干布再派他的宰相禄东赞到长安，又一次提出婚姻请求。这时，唐太宗已经认识到吐蕃是唐朝西境的重要力量，要保证西部疆域的安宁，跟吐蕃建立友好的关系是很必要的，他经过考虑，准备答应松赞干布的请求。

唐太宗有许多个女儿，年龄大一些的，都已经出嫁了；没有出嫁的，年纪都还小。因此，他很为难。太宗把自己的苦衷向族弟江夏王李道宗说了。李道宗回府把皇上的话说给家人听。谁知说者无意，听者有心。他的女儿觉得这桩婚事对国家十分重要，觉得自己如果能为汉藏两族的友好作出贡献是很光荣的。她向父母谈了自己的想法，她的父亲便把她的话转告了太宗。

唐太宗得知自己的侄女这样深明大义，心中大喜，立即封她为文成公主，并派人通知禄东赞，说皇帝已经答应了吐蕃赞普通婚的请求。但是，文成公主又有些担心，她想，远僻地方的人会不会太粗俗呢？因而向太宗提出，要出三道题考考使者。禄东赞二话没说，接受了挑战。

文成公主开始出第一道题了，她教人拿来一颗九曲明珠和一束丝线，要求客人把丝线从中间穿过去。明珠只有两孔相通，中间曲曲弯弯，丝束又是软的，无论如何也穿不过去。禄东赞在驿馆中走来走去，苦苦思索。无意中看到一只大蚂蚁，叼着一条虫子钻进石缝中，他受到了启发，便让从人捉了一只最大的蚂蚁，先把一根丝线拴在蚂蚁腰上，将蚂蚁放在明珠眼的一端，在另一端放点芳香食物，蚂蚁闻到香味，便沿着孔道蜿蜒曲折地爬了过去，把丝线也带到了另一边去了。这时禄东赞把丝线跟丝束拴好，轻轻一拽，丝束顺利地穿过了明珠。接着，他又通过了第二道难题的考试。

现在，只剩下第三道难题了。这道题，是在广场上聚集三百名美女，文成公主亦在当中，要吐蕃使者认出来。禄东赞在三百美女面前走了几个来回，只见这些姑娘们有的眉开眼笑，有的装腔作势。他想，这些人只觉得好玩，故意做出来的，都不可能是公主。他边想边找，最后，禄东赞把目光停留在一位仪态大方、面容庄重、神态严肃的姑娘身上，并把彩箭插到这位姑娘的衣领上，领着她走出人群。禄东赞没有选错，她正是文成公主。这时吐蕃使团的人员都走了上来，围绕着公主甩起长袖，一面跳舞一面唱歌，歌声赞美松赞干布，赞美美丽的吐蕃。

文成公主听着悦耳的歌曲，看着那优美的舞姿，不但不觉得他们粗俗，反而认为十分可爱。她微微地笑了，把衣领上的彩箭拔下来，交给了父亲，表示接受了吐蕃的婚聘。

唐太宗为文成公主进藏做了充分的准备，不但为她准备了包括各类图书、作物种子、日常生活用具等在内的丰厚的妆奁，还派出了大批随行工匠。太宗还命文成公主的父亲李道宗为送亲特使，率三千皇帝的警卫部队做警卫，于公元 641 年正月离开长安，向吐蕃进发。长安城居民得到了消息，互相转告，纷纷赶往金光门外，为文成公主送行。大路两旁全都挤满了送行的队伍，一直排出二十余里。

文成公主一行经过青海湖的时候，正是暮春时节，湖边飞起成千上万的鸟儿，在送亲队伍上空飞旋，好像在跟公主告别似的。文成公主情不自禁地跳下车来，登上湖边高地，翘首东望，两串热泪，潸然而下。是啊，鸟儿勾起了她的思念，她开始想念长安，想念她的母亲，因为她清楚地知道，如今一去，永远不能再回故乡了呀！她的父亲走过来，轻轻地抚摸着她的头发，用目光激励她。公主明白了父亲的意思，毅然擦干了眼泪，下令队伍继续前进。队伍经过今青海玉树县南部地区，公主见这里土地宽阔平坦，河流纵横交错，是一个适宜耕种的好地方。但是田野里却不见有茂盛的庄稼，只稀稀落落长着一些青稞。派人一打听，原来这里的居民不会种庄稼。公主便叫队伍停下来，让随来的农工教居民种大麦和燕麦，又让石匠装置水磨，教给人们利用水利的技术。

以后，公主每到一个地方，都要叫队伍停下来，根据那里的特点，叫随行的工匠分别教给当地居民提炼奶酪，制作酥油，栽桑养蚕等技术。公主在她的行程中，一路走，一路播撒着科技的种子，播撒着一个汉族姑娘对于少数民族兄弟姊妹的无限深情。

松赞干布听到文成公主进藏的消息，便率队亲自迎接。并穿上唐太宗送他的驸马吉服，以子婿礼拜见李道宗，然后举行了隆重的婚礼。当文成公主在松赞干布的陪同下进入当时的赞普王城逻些（今西藏拉萨）的时候，逻些城万人空巷，到处洋溢着欢乐的气氛，夹道欢迎大唐公主。松赞干布见到这种情景，对来迎接的大臣们说："我父祖都没有能够通婚上国的，现在我得到大唐公主，实在荣幸。应该为公主筑一座新城，以夸示后代。"他下令先建筑一座完全仿照唐朝格式的宫室，让公主和她带来的侍女居住，以后又为文成公主建造了小昭寺，并把公主带来的释迦牟尼像供奉在大昭寺里。直到今天，人们仍然能够在大昭寺里见到这尊佛像。

逻些城东南不远处有个叫泽当的地方，紧靠着雅鲁藏布江，土地肥美、气候温和、物产丰富。松赞干布便在这里建了新城，让公主居住。后来，这里以生产细氆氇花围裙而闻名四方，那纺织技艺，便是文成公主带去的织工流传下来的。

松赞干布和文成公主是藏汉两族友好的奠基人，在共同繁荣中华民族大家庭的历史中，他们所作出的巨大贡献永载史册。

鉴真东渡

鉴真 (688—763),俗姓淳于,扬州人,出生于一个信奉佛教的商人家庭。他 14 岁时出家为僧，鉴真是他的法号。他早年在长安、洛阳等地方游历，对佛学有较深的研究。鉴真 66 岁高龄时，双目失明，经过十二年的努力，六次东渡，五次失败，终于到达日本都城奈良。他在日本传法、传艺，最后长眠于日本的土地上。他为传播盛唐文化、为加深中日人民的友谊写下了辉煌的一页。

一千二百多年前，唐朝文化举世瞩目，当时是世界佛学中心之一。公元 742 年，来唐朝学习的日本学问僧人荣睿和普照受日本天皇的命令，要物色一位高僧到日本去弘扬法事，传播文化。他们早就了解到鉴真学识渊博，专程从长安来到扬州的大明寺 (今法净寺) 拜访当时被誉为江淮佛教首领的鉴真，请他去日本讲学传教。当时去日本的海路十分艰险，不少僧人有去的愿望,但一想到变化莫测的海洋风暴就望洋兴叹了。鉴真却表示，为国东渡 :“为传佛法，何惜身命! 你们不去，我去! ”鉴真的德行感动了二十一人，他们表示愿意同鉴真一起东渡传播盛唐文化。

公元 742 年，第一次东渡，因弟子们意见不一而错过了机会。第二年 12 月再次东渡,出海不久,船只碰在礁石上损坏了,又没去成。第三次东渡，受到官府阻拦，节外生枝没有成功。第四次也受到了官府的阻止，东渡失败。一连几年过去了，到公元 748 年，鉴真又开始东渡了，这是第五次。途中遇到了狂风，巨浪滚滚，把船只荡来荡去。船上的人呕吐不止，淡水也没了，一连五天五夜滴水未进。鉴真他们靠吃生米充饥度日。直到第七天才下了一场雨，船只有了淡水，恢复了生机。但是，航向错了，在海上漂了十四天，到了海南岛的南端，鉴真他们登上海南岛，没有逗留，过海直达广州，准备北返后继续东渡。可是，由于劳累过度，加上南方气候炎热，水土不服，鉴真得了眼病，医治无效，不久他就双目失明了。接着日本僧人荣睿不幸病逝。鉴真的得力弟子祥彦也在途中死去。几次东渡不成，中国人和日本人先后有三十六人为此离开了人世。这千辛万苦，一切劫难并没有使鉴真却步。从广州到扬州，鉴真一行艰难跋涉了三年，到扬州后，鉴真又准备新的东渡计划。

公元753年，日本“遣唐使”藤原清河一行人特意到扬州拜访鉴真，再次请他东渡。鉴真不顾高龄和双目失明，毅然于当年11月16日，随日本“遣唐使”的船只第六次东渡，从沙洲黄泗浦出发，于12月20日中午到达日本，终于实现了多年东渡的夙愿。

鉴真受到日本友人的热烈欢迎。公元754年，鉴真来到日本都城奈良最著名的寺院东大寺。一天，鉴真在东大寺为日本圣武上皇和孝谦天皇传授了戒律，成为日本戒法的开山祖。当时东大寺门庭若市，听讲学的络绎不绝。

在历史上，统治阶级常常利用宗教作为维护自己统治的工具。在当时，思想、艺术等许多方面的

成就，常常围绕宗教体现出来，因而，随着宗教的传播也必将促进其他方面的文化传播。

鉴真一行在日本传播佛学的同时，也传播了盛唐文化。他们在奈良参加了兴建唐招提寺的规划工作，殿堂建筑结构精美，气势雄伟，反映出唐朝建筑的最新成就。鉴真又传授干漆法制佛像，对日本雕塑艺术有很大影响。鉴真博学多才，他精通医术，能凭嗅觉鉴定药物，为日本人民治疗疑难病症，介绍了大量中国的医药知识。鉴真和他的弟子以及带去的绣师、画师等传播了唐代的文化，促进了日本佛学、医学、建筑以及书法、文学等方面的发展。鉴真还被奉为日本律宗的先驱者。

公元 763 年，由于长期积劳，鉴真病重。5 月 6 日，他双腿盘坐，面向祖国停止了呼吸，享年 76 岁。

鉴真虽死，精神长存，他为交流中日文化，发展中日友谊的业绩永垂史册，千百年来，一直受到两国人民的崇敬。正如郭沫若写下的一首七言诗所赞：

鉴真盲目航东海，一片精诚照太清。
舍己为人传道艺，唐风洋溢奈良城。

张巡拼死拒叛军

张巡原是唐玄宗时的真源（今河南鹿邑）县令。安禄山叛变以后，他的上司谯郡太守杨万石投降了安禄山，逼他为长史，命令他带领千余人去

迎接叛军。

张巡带兵路过雍丘（今河南杞县），当时的雍丘县令也已投降了敌人，因押送囚俘外出未归。这使暗暗立下舍身报国决心的张巡终于等到了机会，他立即率军袭取了雍丘。

雍丘县令令狐潮闻讯以后，勾结叛军回来夺城。叛军一下子来了四万多人，把小小的县城团团围住，连续攻打，形势十分危急。但张巡却不惊慌，他一面用保国保民的大义激励将士，一面沉着冷静，严密防守，竟成功地把四万余敌军拒于城外，不能攻近一步。几天过去了，城中的箭用完了。张巡就让城中军民扎了一千个草人，给草人披上黑色的衣服，用绳子拴了，夜间从城上缒下。叛军发觉了，以为是官军偷袭，一时万箭齐发，纷纷向草人射去。等到叛军发现上了当的时候，草人已被收回城上去了。这一次得箭数十万支。过了几天，张巡命令把城上的草人再缒下去。叛军上了一次当，这次便不肯再射，还嘻嘻哈哈地向城上笑骂。张巡见敌人麻痹，便动员了五百名敢死壮士，趁一个漆黑的夜晚，缒下城去，以迅猛的声威，突然杀入叛军营中。叛军毫无准备，一时间大乱，许多帐幕被烧毁，许多敌军被杀，败退出十几里才站住脚。等到叛军缓过神来的时候，张巡派出的五百名官军，早已安全返回城中。

叛军围困雍丘四个月，城中以千余守军抵抗四万敌人的攻打，不但

县城岿然不动，而且还连连打了几次胜仗。最后令狐潮不得不撤围而去。后来附近的州县先后都沦入叛军之手，叛军又去攻打睢阳(今河南商丘)，睢阳太守抵御不住，派人向张巡求救。张巡考虑到睢阳地势险要，又在运河中段，是江淮一带的屏障，地位比雍丘重要得多，所以便率领部下，沿运河向睢阳转移。这时他的队伍已扩大到三千人，经过宁陵(今河南宁陵)的时候，和叛军杨朝宗相遇，张巡率麾下大将雷万春、南霁云等身先士卒，攻入叛军阵中，左冲右突，拼命冲杀，他的一口大刀，所向披靡，敌军碰到的，非死即伤。将士们越战越勇，直打得叛军大败而逃，死伤一万多人，尸体扔到汴水里，竟把河水都堵住了，张巡终于赶到睢阳，实现了跟许远的会合。

不久，朝廷下诏，拜张巡为主客郎中(礼部官员)兼河南副节度使。许远自知军事方面不及张巡，便主动把军务全部交给张巡主持，自己全力负责粮饷工作。张巡和许远的团结对敌，令官军上下一心，士气大振，共同坚守着这座重城。朝廷对他们的指挥很满意，又一次下诏，拜张巡为御史中丞，许远为侍御史。

后来，长安失陷了，玄宗奔向四川，太子李亨在灵武即位，史书上称他为肃宗。由于睢阳像一颗钉子一样，横插在叛军地盘里，影响了叛军向唐军的行动计划。所以安禄山的儿子安庆绪于唐肃宗至德二年(757)正月，派大将尹子奇率兵十三万来攻睢阳。

睢阳守军只有六千八百人，两军对比是一比二十。但是，由于张巡善于守御，加之全军上下同仇敌忾，所以士气极高。双方昼夜苦战，攻城的叛军遭受了重大伤亡，十六天中竟损失战将六十人，士兵两万多。

尹子奇屡战不胜，后来采取了增兵围困的策略。他先后调动了二十余万人，把睢阳城围得水泄不通，守军坚守了几个月，城中的粮食没有了，这是对睢阳的最大威胁。张巡派南霁云杀出重围，向附近的唐将贺兰进明求救。但贺兰进明等人为了保存自己的实力，又嫉妒张巡的声威，竟然观望不救。贺兰进明在一座大庙里设宴款待南霁云，想把他留下。南霁云想起主帅张巡等的艰危处境，流着泪说：“城中将士已一月无食，我不忍独享。”说着拔出佩刀，斩下一指，然后骑马而去。座中陪饮的将士全都被感动得流下了眼泪。出门的时候，南霁云回马一箭，射向庙门的佛塔，愤愤地说：“我破贼回来，必灭贺兰进明！”

求救无望了，面对强大的敌人，怎么办？张巡和他的将士们没有动摇，他们约定，就是饿死、战死，也决不向叛军屈服。他们把一切可吃的东西都吃光了，甚至把甲胄上的皮革也煮了充饥，最后饿得都站不起来了。但将士和居民们坚守睢阳的士气丝毫不减，站不起来，他们就坐在城上向敌军投掷石块。最后，全城只剩下了四百人。叛军攻进城的时候，剩下的守军们饿得连武器都举不动了，但是仍怒目斥敌。睢阳微弱的兵力，面对数十倍于己的敌人，在内外无援的情况下，经过十个月的苦战，终于悲壮地失守了，张巡、南霁云、雷万春、许远等三十六名将领全部遇难。

睢阳虽然最终没能守住，但它却长期地拖住了数十万叛军，并且消灭叛军数万人。对于朝廷整个平叛战局的扭转和国家的重新统一，张巡和他的将士们，都作出了不可磨灭的贡献。

杜甫诗劝吴郎

唐代宗大历二年(767)，大诗人杜甫从夔州(今四川奉节县)瀼西迁居东屯，把他的瀼西草堂让给亲戚吴郎居住。

草堂前原有几棵枣树，每年秋天，树上都结满红红的大枣。杜甫居住的时候，他西院的邻居是位贫妇人，由于贫困无着，所以每年都在杜甫的草堂前的枣树上打一些枣，储备起来，以补充食物的不足。杜甫从不阻拦，而且还帮助妇人打摘。

可是，吴郎搬进草堂以后，却在草堂前插起了篱笆，防止贫妇人打枣。杜甫知道了，对贫妇人非常同情，便写了一首诗送给吴郎，劝吴郎别那样做。诗名叫《又呈吴郎》，诗中写道：

堂前扑枣任西邻，无食无儿一妇人。
不为困穷宁有此？只缘恐惧转须亲。
即防远客虽多事，便插疏篱却甚真。
已诉征求贫到骨，正思戎马泪盈巾。

诗一开始就用急切的语调先提出要求，表现出诗人为贫妇人求情的紧迫心情。第二句设身处地为贫妇人着想，进一步说明西邻打枣是因为生活贫困，出于无奈。“不为”句问得略带悲愤，“只缘”句再进一层，说不仅不应拒绝她打枣，反而应当对她亲切一些，才能解除她的顾虑，要鼓励她来打枣充饥。五、六句采取先抑后扬的手法，先说不相信吴郎会拒绝她打枣，然后才说你吴郎插上篱笆，即使无意，也显得太过于认真了。名为批评妇人多心，实际上是指责吴郎太不大方了。最后两句，再次强调西邻的妇人贫困，说因为租税的追索和盘剥，她已贫困到了极点。写到这里的时候，诗人忽然想到了处于战乱之中的全国人民，

像贫妇人那样的人怎么活下去呢？他不禁涌出了眼泪。

吴郎读了杜甫写给他的诗以后，深深地被杜甫的精神所感动，也为自己的行为感到内疚，立刻拔掉了防止西邻打枣的篱笆。

时时想着人民，处处想着国家，这就是我国唐代伟大的现实主义诗人杜甫。杜甫的一生，经历了唐王朝由盛转衰的时期，虽然一生郁郁不得志，没能实现他"焉得铸甲作农器"，"男谷女丝行复歌"的理想，但是，无论在什么情况下，国家和人民在他心中一直占据着首位。面对当时贫富悬殊的差异，他勇敢而沉痛地高呼："朱门酒肉臭，路有冻死骨。"面对被秋风吹破的茅屋，在秋雨潇潇，无处栖身的时候，他首先想到的是"天下寒士"。直到临终，还念念不忘战乱中流离失所的人民，痛苦地长叹："战血流依旧，军声动至今。"

他用他的心和他的笔，为国为民忧虑了一生，为我们留下了一千四百余首充满真情的诗篇，被后人誉之为"诗史"。

诗人本人不但获得了我国人民的热爱，被尊为"诗圣"，而且也受到了各国人民的尊敬。当他诞生一千二百五十周年（1962）的时候，这位伟大的爱国者，受到了全世界人民的纪念。

韩愈的示侄诗

一封朝奏九重天，夕贬潮阳路八千。
欲为圣明除弊事，肯将衰朽惜残年。

云横秦岭家何在？雪拥蓝关马不前。

知汝远来应有意，好收吾骨瘴江边。

这首七律名为《左迁至蓝关示侄孙湘》，一千多年来，一直被人们所传诵。每谈起这首诗，就不能不使人想起作者韩愈。

韩愈是河阳（今河南孟州）人，25 岁考中进士，31 岁走入仕途，在二十多年的为官生涯中，一直保持着清廉之风，抱着一颗爱国爱民的心，对一些社会病态现象，比如地方军阀拥兵割据等等，都能坚决反对，即使受到打击也不妥协。如在唐德宗时，他当监察御史，当时朝廷实行“宫市”，所谓宫市，就是由朝廷派出太监，直接到市场上采购宫廷日用品。名为采购，实际上太监仗着皇家势力，很少付足商品的价钱，说穿了就是变相掠夺。对这种坑害人民的做法，韩愈愤然上书，极力反对，惹恼了德宗皇帝，被贬到阳山（今广东西北部）去当县令。后来又调回中央，他仍然不顾个人安危得失，以国家利益为先，有话就说，有意见就提。

唐宪宗李纯是个很迷信佛教的皇帝，在他的影响下，从朝廷官员到民间百姓掀起了信佛热。当时在凤翔的法门寺里，放着一块据说是佛教祖师释迦牟尼的遗骨，三十年才向民间开放一次。元和十四年，又到了对外开放的时候。宪宗为了表示自己的虔诚，竟派出三十名宫人，手持鲜花把佛骨迎进皇宫里供起来。皇帝这么一做，从王公贵族到老百姓，迷信闹得更

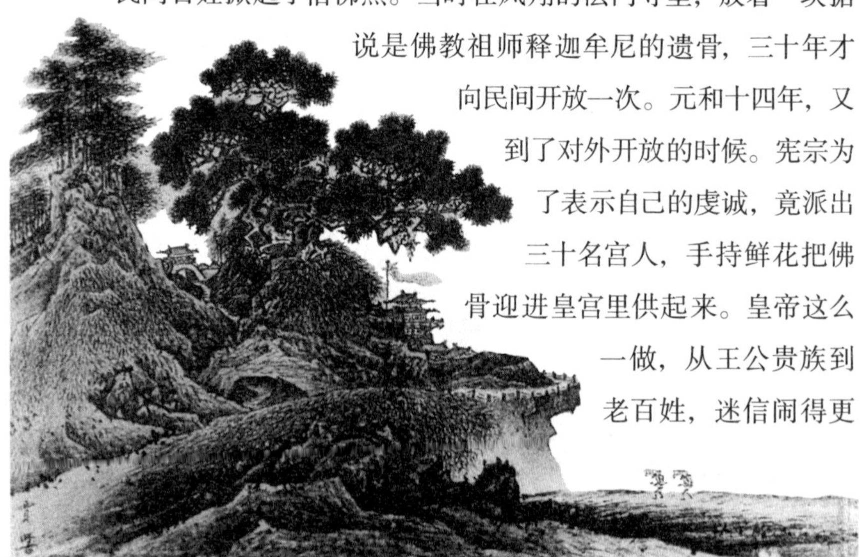

厉害了。

韩愈对这件事极其反感，他想，这样闹下去对国家、对老百姓都是很不利的。于是当即上了一封《谏迎佛骨表》给朝廷，想极力劝阻皇帝，停止这一闹剧。他在这封上书中说，佛教是外国传来的，中国古时候是没有的。尧、舜、禹、汤、文、武这些古代圣王，都不知道什么是佛教，可他们把国家治理得都很好，老百姓安居乐业，他们自己的寿命也很长。当时的梁武帝祭祀不用牲畜，自己也不食荤腥，还三次出家当和尚，结果被叛军围困，活活饿死。本想拜佛求福，得到的却是悲惨结局。至于那块佛骨，应当把它扔到河里，或者烧掉，免得它迷惑人心。佛如果真正有灵，就让他把一些灾祸责罚，都加到我韩愈身上吧。

宪宗看了韩愈的上书，直气得暴跳如雷。这个糊涂皇帝认为这是韩愈故意和他作对，影射他活不长久。盛怒之下，要把韩愈处以死刑。幸亏宰相裴度等大臣为韩愈说情，才改为贬职处分，贬到潮州去当刺史。潮州就是如今的广东省东部的潮安，在当时那是极其偏远的地方。从中原贬到那里去，算是很重的惩罚了。前面的那首七律，就是韩愈在前往潮州的路上写的。诗中充满了对国家的耿耿忠心和对于朝廷腐朽昏庸的不满。全诗起首悲壮，结尾却低沉哀伤，表现了作者虽然有一颗火热的赤心，但却无力扭转腐败的封建朝廷行径的无奈。

虽然韩愈的上书没有起到它应有的作用，并且受到了不公正的处分，但是，他为国为民着想，不畏皇威，敢于提出不同意见的精神，却得到了历史的肯定。

杨继业忠心保大宋

公元960年，赵匡胤陈桥兵变，黄袍加身建立了大宋朝，历史上称为北宋。北宋时期，北方契丹族建立辽国，经常侵犯宋边境，伤害宋朝百姓，掠夺宋朝财物。这时期宋朝出了一个爱国将领。他就是金刀“杨无敌”。

金刀“杨无敌”，原名杨继业，又叫杨业，山西太原人。他镇守北方边陲雁门关。有一年辽国派耶律沙、耶律休哥带兵十万，前来犯境，宋军探马早已报知杨继业，杨继业在代州附近就是今天山西省代县，设下伏兵。等敌军一到，杨继业等三声炮响，带兵冲出，敌军出乎意料，顿时乱了阵脚。杨继业更是一马当先挥动金刀连伤数名辽将，辽兵死伤惨重，急忙带残兵逃走。从此辽兵给杨继业送一绰号叫金刀“杨无敌”。

公元982年，12岁的耶律隆绪当了皇帝。他的妈妈萧太后替他管理朝事。北宋王朝想趁此机

会，收复以前被辽国占领的地方。于是就派潘仁美、杨继业和呼延赞等带领三路人马去完成这个任务。

杨继业和潘仁美很快收复了好几个地方，可呼延赞等却打了败仗，因此北宋王朝立即命令三路人马全部撤回。

部队撤至狼牙村时，辽兵已尾追上来。杨继业对潘仁美说："敌人追得凶猛，咱派出一支人马吸引敌人，然后再派战斗力强的人马，布下伏兵出奇不意杀退敌人，这样才能掩护大部队撤退呀！"

可是，不懂兵法的监军王侁，不同意杨继业的建议，还说杨继业害怕辽兵。这下可把杨继业给气坏了。"王监军，我杨继业并不是贪生怕死的人，不过现在情况对我军不利，如果这仗硬打，会让将士白白送死。你说我怕死,给我三千人马前去攻打头阵。"然后他又对潘仁美说:"潘将军，前边有个地方叫陈家峪。我要是打了败仗，会撤到陈家峪，希望你能带兵在那里接应。这样两面夹击定能转败为胜。"说完带兵冲入敌阵，好一个金刀"杨无敌"，金刀上下翻飞，敌人纷纷落马。敌军蜂拥而上，越来越多，杨继业的白盔白甲，都被血染红了，他也多处受伤，后来终因寡不敌众，败进陈家峪。满以为能够得到潘仁美派兵接应，可是连一个援兵的影子也没见。杨继业气得直跺脚，这时敌军又追上了，杨继业带领残兵又和敌人拼杀起来。战着战着杨继业身边的将士只剩下一百多人了，可辽兵却越来越多。

杨继业含着眼泪对将士们说："你们都有妻儿老小，赶快冲出去逃命吧！"将士们也感动地说："老将军何出此言，要死咱们死在一块。"

敌人又冲上来了，将士们擦去泪水，又投入了激战。最后，杨继业的儿子杨延玉战死了，杨继业仍奋力拼杀，忽然一支飞箭射中了他的战马，杨继业被摔在地上。

辽兵抓住杨继业，想尽办法劝他投降，许他高官厚禄，他至死不降。最后他几天几夜不吃不喝为国家献出生命。

沈括赴辽保国疆

沈括(1031—1095)，字存中，钱塘(今浙江杭州)人。沈括是我国卓越的科学家,他所著的《梦溪笔谈》是中国科学技术史上一份珍贵的遗产，也是世界科学技术史上的一部杰出的著作，被世界各国科学家称赞为“中国科学史上的坐标”。沈括也是北宋著名的政治家和爱国者，他出使辽国，据理力争，保卫宋朝疆土的佳话，被后人广为流传。

那是宋神宗时期(1074)，北方强国辽不断挑起边境争端，并向宋朝提出无理的土地要求，遭到宋朝的反对和抵制。于是，辽国在边境陈兵百万，杀人烧房，以武力相威胁。面对事端，宋神宗忧心忡忡，如何既避免战争又不失疆土，唯一的办法就是派使者赴辽，直接交涉。而能担当起这一艰巨使命的，只有才能出众、成就卓越的沈括。

沈括接旨后，马不停蹄赶回东京，面见宋神宗。宋神宗关切地问:“辽方心理难以捉摸，万一中途生变，危及使者安全，卿将何以自处?”其实这一问题，沈括在接旨时就已想过，和强盗般的辽国谈判不仅困难重重，而且还要冒极大的风险，谈判的胜负，不仅关系到个人的安危，更攸关宋朝的主权和大好河山的存亡。在国家安危和个人生死面前，沈括早已做了抉择，他毫不迟疑地表示:“臣只有用一死来回答!”

在做了紧张、周密的准备之后，沈括率领使团离京赴辽。一路上，他们克服重重困难，排除了辽方种种阻挠，终于到达辽国。

辽道宗“设宴”招待宋朝使团。只见宴会厅外刀枪林立、戈矛交叉;

宴会厅内廷臣云集，冠盖如云；内外戒备森严，阵势咄咄逼人。望着这杀气腾腾、如临大敌的场面，沈括从容不迫，昂首而入，在使者席上泰然就座。

辽方首先用已经确定的河东地界为由进行试探，被沈括明确的回答顶了回去，“河东地界早已了当，我等此番是奉旨前来回谢”。辽方见沈括答词严谨，无懈可击，便原形毕露，提出了代州鸿和尔大山一段以分水岭为界的要求。这是一个实质性的问题，直接关系到宋朝的领土完整和主权。这个问题早在宋仁宗时就已解决，并专门立石峰为标识。面对辽方无理要求，沈括当场举出辽方于公元1042年与宋方共同商定以鸿和尔大山北山脚为界的事实，拿出辽顺义军承认以鸿和尔大山北山脚为界和天池子属于宋朝的公文。沈括“以子之矛，攻子之盾”，用辽方自己的文件反击辽方的无理要求，使环座惊愕，为之失色。辽方还想强词抵赖，沈括严正回绝说：“你再说千般道理，也无济于事。必须有确实的文字根据，关于鸿和尔，只有这几个字‘大山脚下为界’；天池子也只有几个字‘地理属宁化军’。此外，就没有什么可谈的了！”辽方见逼索不成，只得中止谈判，沈括首战告捷。

过了几日，沈括再次率员“赴宴”。辽方又一次提出了原来辽方一百多“部族”在天池子牧马之事，想用这一“事

实”，挟逼沈括承认他们享有土地主权。沈括马上给予义正词严的批驳。指出：地界文字有明白无误的记载，辽方“不应当过界下帐，而且有照据为凭，岂可不凭文字，只据口说”！辽方见在此问题无稻草可捞，转而重新提出鸿和尔界来纠缠。沈括见辽方已理屈词穷，便开怀畅饮，不加理会。好一会儿，沈括才一针见血地指出：辽方在公文中，故意漏下山脚的“脚”字，现在又处处设防，不敢说出一个“脚”字来。其实，在这次辽使致宋廷的信中，早已承认了这点，即使辽方不承认，也无碍于事。说罢，便起身说：“我喝醉了，不及一一回话，且休见怪！”

两次交锋，辽方已无力对阵，但还不甘心就此认输。在以后的几次谈判中，强词夺理，胡搅蛮缠，但都被沈括依据事实，驳得体无完肤。前后六次会谈，沈括都是这样丝毫不惧，坚持斗争。在大量的事实和雄辩的批驳下，参加谈判的辽臣们满面羞惭，不敢再强争下去。不得不放弃了讨索土地的要求，也不敢贸然发动军事行动，沈括出色地完成了这次赴辽使命。

赵广不为金人作画

两宋之际的著名画家赵广，本是著名文人李伯时的小书童。李伯时平时作画，常常让赵广在旁服侍，使他有机会观察体会。赵广私下里也用功苦练，日子长了，也成为了画家。赵广尤其擅长画马，几乎让人分不清哪幅是李伯时的作品，哪幅是赵广的作品。建炎年间，金兵南侵，赵广被金兵俘虏。金人听过赵广的名字，知道是大画家，命令他替金军将帅画被掳掠来的美女。赵广深明大义，怎能帮助金兵蹂躏中原妇女呢？因此，赵广对金人说，外边虽有传言但并不确实，我根本不会作画。金人见赵广拒绝作画，就把钢刀架到他脖子上，他仍然回答不会作画，金人残忍地砍断了赵广的右手大拇指后把他放了。由于赵广作画一向是左手用笔，所以金兵北返后他仍能创作。

赵广不为金人作画

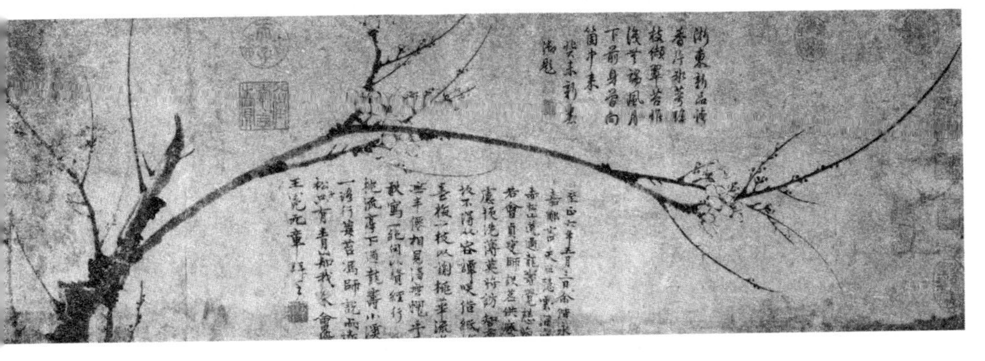

宗泽管物价厉杀奸商

宗泽(1060—1128)，字汝霖，婺州义乌(今属浙江)人，元祐年进士，北宋名将。

宗泽曾任岳飞为将，屡败金兵。岳飞被害后，他多次上书，力请高宗还都汴京，收复北方失地，遭到投降派的抵制，忧愤成疾，郁郁死去。临死时，还不忘收复北方失地，连声呼喊："过河，过河，过河……"

宗泽不仅在战场上威震四方，在整顿首都市场物价方面也有佳话流传。

"靖康之变"，金灭北宋。宗泽出任东京(今开封)留守。由于战乱，一时物资紧缺，物价飞涨，百姓无法生存。

宗泽多次下令控制物价，毫无效果。物价与百姓生活息息相关，怎能放任自流呢！宗泽想到这儿，决定从与百姓生活关系最大的饮食业入手。他派人调查了作为食品原料的米面价格，知道与从前价格变化不大，又令府中厨师制作与市场重量相同的笼饼。经过反复计算，每个笼饼的工料费仅值六钱，而市场上卖到二十钱。为什么笼饼不肯落价呢？他经过察访得知，是豪商在作祟。他们控制着市场，不准小商降价。

宗泽叫来开封最大饼店老板及各业豪商。宗泽问最大饼店老板："从前，每个笼饼售价七钱，今卖二十钱，难道是因为面粉的价格成倍上涨吗？"

老板满不在乎地回答："战乱以来，米面价格不定。同行这样卖，我也这样卖。我能违背同行公议，随意降价吗！"宗泽厉声说："经过察访，你等欺行霸市，故意抬高物价，并捣毁过降价商贩摊点，殴打贱价买饼顾客！”老板无言以对，战战兢兢。

宗泽拿出府里做的笼饼，说：“此饼与你们所卖，重量相同。精细计算，每枚工本费只需六钱；若卖八钱，就已有两钱之利。我今天下令，每枚笼饼只准卖八钱，谁敢超过，立即处斩。今天，先借你的人头用用，来执行降价命令！”于是，令人把这个老板押到大街，砍头示众。并且，重申了降价规定。

商人们知道官府所定价格合理，又看到饼店老板的下场，谁还敢违抗呢！令则行，禁则止，是宗泽管物价成功的原因。

宗泽爱民管物价厉杀奸商的故事，一直流传至今。

岳飞精忠报国

岳飞，出身农民家庭。少年时，他爱读《春秋》《左传》和《孙子兵法》。他曾经拜名师学习弓箭和枪法，由于虚心求教，勤学苦练，练得一身好武艺，不满 20 岁，就能拉开三百斤的硬弓了。

当时，正值国家多灾多难，金兵灭了辽国，一直打到宋朝的京城汴梁，到处烧杀抢掠，连皇帝、太上皇及大臣等三千多人也被俘虏了。

国难当头，为了保家卫国，岳飞毅然应募，参加了抗金的队伍。临行前，岳飞的母亲在他背上用钢针刺了“精忠报国”四个大字，对他说：“不要挂念家里，希望你永远为国效忠，誓杀金贼！”母亲的希望，岳飞牢记心中。

从军后的岳飞英勇善战，立了许多战功。南宋政权建立后，岳飞以下级军官身份，上书反对宋高宗南迁，要求北伐。不料触怒了主和派，他们以“越职言事”的罪名，革掉了他的军职。“欲将心事付瑶筝。知音少，弦断有谁听？”岳飞一腔爱国热情，换来的只是无情打击！但是，岳飞毫不气馁。他所记挂的不是个人的进退荣辱，而是国家的命运和民族的存亡。他相继投奔在张所、宗泽手下，带领队伍转战黄河南北，深入到太行山下，屡建战功。

懦弱无能的南宋小朝廷，坚持妥协投降的政策，金兵则乘机南进，跨过黄河，打到了江南。时局的混乱，使岳飞的军队和朝廷失去联系，成为孤军。岳飞不畏艰险，主动出击，在广德六战六胜，打得金兵闻风丧胆。在常州四战四捷，金兵死伤惨重并相继收复了建康（今南京）和襄阳六郡，使“岳家军”声威大震。赵构特赐岳飞一面军旗，上面绣着四个赫赫大字“精忠岳飞”。

“靖康耻，犹未雪；臣子恨，何时灭！”岳飞念念不忘抗金收复失地的大业。1140年，岳飞率军挥师北上，岳家军以锐不可挡之势，连克数城，“精忠岳飞”的战旗所向披靡。7月，岳飞亲自率领一支轻骑进驻郾城。金兀术则纠集了一万五千名精兵进逼郾城，并拿出了他的王牌军——铁浮图(三骑一组人和马都披上厚重的铠甲，看起来像铁塔)、拐子马，企图一下子吃掉“岳家军”。

岳飞观察了形势后，先命令儿子岳云带领一支骑兵闯入敌阵，冲乱了敌人的阵脚，然后派步兵和骑兵一齐出击。步兵手拿麻扎刀，低着头，专砍敌军的马腿。骑兵专门对付马上的金兵。他们先用长枪挑去金兵的头盔,再用大斧砍掉金兵的脑袋。马上马下紧密配合,把金兵打得人仰马翻。这就是有名的郾城大捷。之后，岳飞乘胜追击，在朱仙镇，把金兀术的十万大军打得作鸟兽散，狼狈逃窜。金兀术感叹地说：“撼山易，撼岳家军难！”

喜人的抗金形势，使人民欢欣鼓舞，岳飞也非常兴奋，“待从头、收拾旧山河，朝天阙”的夙愿，就可以实现了。他充满信心地对部将说：“直抵黄龙府(今吉林农安)，与诸君痛饮尔！”可是，正在这时，朝廷在一天内连下十二道金牌，要岳飞“立即退兵”。

原来，高宗和秦桧害怕岳飞继续前进，会阻碍他们的投降计划，也害怕胜利后更加强大的“岳家军”会威胁他们的统治。因此，就在岳飞取得胜利的时候,他们先通知其他各路宋军停止前进,又以“孤军不可久留”为借口，下令岳飞退兵。望着抗金义士用生命和鲜血换来的中原沃土，岳飞泪流满面，他愤愤地说：“十年之功，废于一旦！所得诸郡，一朝全休！”

秦桧为了投降卖国，竟诬陷岳飞造反，把他和他的儿子岳云，部下张宪逮捕入狱。1142年，宋高宗和秦桧以“莫须有(也许有)”的谋反罪名杀害了岳飞，年仅39岁。

岳飞虽然被奸臣害死，但是，他的爱国主义精神并没有死，岳飞的名字已深深刻在世代中国人民的心中，而秦桧等人，却被铸成铁像反剪双手，长跪于英雄的墓前，千秋万世受到人们的唾骂。这正表达了我们民族鲜明的忠奸是非观念和爱憎之情。正如精忠园园门两侧的对联所写“青山有幸埋忠骨，白铁无辜铸佞臣”。

虞允文奋勇抗金

虞允文，字彬甫，隆州仁寿人，生于北宋末年。慷慨磊落有大志，以抗金收复中原为己任。在他的青少年时期，社会动荡不安，民族矛盾和阶级矛盾日益尖锐，金国大举入侵导致北宋灭亡，沦陷地区人民生活在水深火热之中。宋高宗南逃临安建立偏安的南宋小朝廷，宋金对峙局面形成。宋高宗对金屈辱妥协，向金贵族纳贡称臣，人民群众的经济负担越来越重，民怨沸腾。岳飞被害，抗金处于低潮。完颜亮称帝后，野心勃勃，妄想“立马吴山第一峰”，攻占临安，灭亡南宋。

公元1160年虞允文向宋高宗的上书中分析敌情，希望朝廷早做准备，防止金兵入侵。同年10月，他奉命出使金国，金人盛气凌人，欺他是个文弱书生，与他比试箭法，虞允文镇定自若，张弓射箭，一发破的，使骄横跋扈的金国官员惊心动魄，不敢怠慢。回国后，他把金国的备战状况一一奏明，再次给宋高宗敲警钟，防止金兵突然入侵。

公元1161年秋，完颜亮征调六十万士兵，组成三十二个军，兵分四路，水陆并进。完颜亮亲率主力军三十万人，叫嚣“多则百日，少则一月”灭掉南宋。宋人军心涣散，士气不振，宋高宗吓破了胆，想“散遣百官，浮海避敌”。11月初，虞允文奉命往芜湖催促武将李显忠速至采石接管逃将王权军队，并代表朝廷慰劳采石守军。虞允文虽一介书生，却有满腔的报国热忱，他没有坐等李显忠到来，自告奋勇挑起抗金重担。他深知要想赢得抗金的胜利必须安定军心，鼓舞士气，他立即召集诸将，晓以民族大义，为保卫祖国献身，只要立下战功，国家不吝封赏。并庄严申明：“今日之事，有进无退，不敌则死之，等死耳！退而死，不若进而死。死，吾节也！”在虞允文爱国热情鼓舞下，全体军官士兵都愿意在他领导下与金兵决战。

虞允文安抚将士后，直至采石江边视察地形，同诸将研究沿江的军事部署。分析敌我双方兵力情况，采石宋军仅有一万八千多人，和金兵相比，相差悬殊。但金军的弱点是不明地形，不善水战，士兵厌战。而宋军士气高昂，官兵团结一致，共同对敌。虞允文在分析敌我利弊，知己知彼的基础上，决定以逸待劳，后发制人，水军攻坚，陆军配合。把步兵与骑兵隐蔽在岸边高地后面，水军分成五队，每队均由“海鳅船”及“蒙冲”大战船组成，一队停泊在大江中游，藏有精兵，作为应战的主力，两队分做东西两翼配合主力，另外两队隐蔽港内，发挥袭击敌船和援助前阵的作用。全面部署后，宋军严阵以待。

完颜亮派出一小部分水军试探性向江面发起进攻，未见宋军，他误以为宋军怯战，他亲自挥动小红旗，亲率几百艘战船从杨林渡口出发，由于水道生疏，在江中飘摇不定，难以前进。部分金兵登陆，突然见到隐伏的宋军后大吃一惊。虞允文抓住战机，对身边的猛将时俊说：“你的胆略四方闻名，还立在阵后更待何时！”时俊闻言立刻挥舞双刀进击，宋军发起猛攻，消灭了登陆的全部金军。此时在中游担任主攻的战船猛冲，敌舟燃烧，沉没多艘。敌军半死半战，日暮

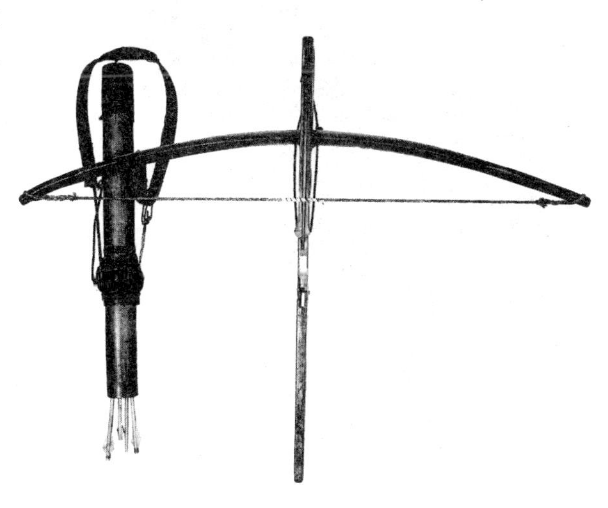

未退，战斗非常激烈。这时正好有一队从光州退回的宋军路经采石，虞文允立刻把他们留住发给军鼓，让他们从山后绕到江边，充当疑兵。敌兵产生错觉，以为宋军援兵来到，仓皇逃窜。虞允文命劲弓尾随追射，大败金军，射杀四千余人，擒俘五百余人。

虞允文料定金军损伤惨重，不会罢休，第二天他亲率战船封锁杨林渡口。不出所料，金军重整旗鼓再次发动进攻，于是他命令部将带领大批射手猛射金军，还派人到杨林渡口上游焚烧金军剩余船只，再次挫败金兵。

进退两难的完颜亮率残兵至淮东企图躲过宋军追击，从瓜州渡口南犯，虞允文要求李显忠拨兵一万六千步兵、水军增援，金兵受阻，败局不可挽回。

这时金军厌战，士气低落，逃亡者与日俱增。完颜亮恼羞成怒，大力镇压，杀戮士兵，人人自危，无心作战。11月26日，完颜亮严令明日渡江，后退者格杀勿论。金兵将领忍无可忍，当夜密谋，于27日黎明杀死了完颜亮，残军北退。宋国收复两淮州郡，士气大振。

采石大捷是一次以弱胜强，以少胜多的战役，挽救了南宋王朝的危机，使南宋人民免遭女真贵族的蹂躏，鼓舞了南宋军民的抗金斗志。战后虞允文出将入相，虽然得到重用，但南宋最高统治者的根本目的是为缓和舆论，无心北伐，忍辱苟安，因此不可能真正改变南宋小朝廷腐败没落的状况。

陆游报国至死不渝

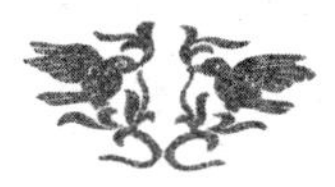

陆游(1125—1210)，字务观，号放翁，越州山阴(今浙江绍兴)人，是南宋著名的爱国诗人。还在襁褓中的陆游就随家人颠沛流离。他亲身感受到被侵掠、受欺凌的痛苦。陆游的父亲，是具有爱国思想的正直士大夫，所结交的也多为爱国之士。父亲经常与朋友在家中聚会，谈论国事，每当说到金人入侵，他们无不咬牙切齿，痛哭流涕，父辈们的爱国思想和高尚情操，对陆游耳濡目染，熏陶默化。忧国忧民的思想感情在他心里生了根，使他从小就决心献身抗金事业，立下了"上马击狂胡，下马草军书"的爱国壮志。为了实现这一壮志，陆游不仅习文，而且学武。他曾研读兵书，还花了很长时间从师学习剑术。从剑术的学习中，培养了他英勇豪爽的气概，锻炼了他刚健强壮的体魄。

长大以后，陆游积极投入抗金救国的斗争。在他做官期间，做了许多爱国、爱民之事，曾为收复失地、统一祖国积极出谋划策；也曾身着戎装，跃马横戈，卫戍在大散关口，往来于前线各地；还曾在大灾之年，开官仓赈济饥民……因为陆游始终坚持抗金救国的主张，多次遭到了投降派的陷害、打击和排挤，但他对自己的理想始终坚信不移。直到晚年病重时，报国信念和爱国热情仍然不减当年。

公元1210年春，这位85岁高龄的爱国老诗人病在床上已经有一百多天了，吃药也不见效，病情越来越严重。他的亲朋好友知道他将不久于人世，都纷纷前来探望。

在最后几天里，陆游已茶饭不进，不能说话了。全家人围在他身边，满含热泪，悲痛万分。一天，他忽然示意他要坐起来，家人只好扶着他坐好。他又让家人把窗户打开。大家怕他受风，承受不了，不肯开。陆游显出十分急躁痛苦的样子，家里人只好给他开了窗户。此时，他透过窗口，翘首北望，眼含热泪，思绪难平。他生活在民族矛盾尖锐的时代，亲眼看到金兵蹂躏中原人民，曾多次表示要挥戈跃马收复失地，统一祖国，但都被软弱无能的南宋朝廷拒绝了。国仇未报，一腔爱国热情只好倾注笔下。"一闻战鼓意气生，犹能为国平燕赵"，他的强烈的爱国热情，有增无已；"壮心未与年俱老，死去犹能作鬼雄"，他的报国壮志，老益弥坚；"僵卧孤村不自哀，尚思为国戍轮台"，他的收复中原的信念，至死不渝。几十年过去了，山河依然破碎，百姓仍遭涂炭，自己壮志未酬，所有这些，怎能不叫他"悲歌仰天泪如雨"？诗人明白自己就要离开人世了，他又看了一会儿窗外，忽然指指书案，家里人明白，他要写诗。儿子端来了笔砚，跪在他身边。他那颤抖的手拿起笔刚刚写了"示儿"两个字，便喘成一团。但他不肯作罢，用尽最后的力气，哆哆嗦嗦地写道："死去元知万事空，但悲不见九州同。王师北定中原日，家祭无忘告乃翁。"意思是：个人生死原是没有什么值得留恋的，可悲的是不能再看到祖国山河的统一；等到有一天朝廷的军队收复了中原失地，家里举行祭祀时，千万不要忘了把好消息告诉你们的父亲啊！这就是千古传诵的《示儿》诗篇，这就是一位伟大的爱国诗人最后的心声，这就是陆游用血和泪以至整个生命谱就的华章。

陆游，这位伟大而杰出的爱国诗人，直到临终，心里念念不忘的，

仍然是祖国领土的完整，国家的统一。这种至死不渝的报国信念，这种炽热的爱国激情，多少年来同他那不朽的诗作一样被人们传诵，直到今天还激发着千百万中国人的爱国热情。

辛弃疾金戈铁马抗金兵

公元1161年的一天，在郓州通往金朝军营的山路上，只见两团黄尘滚滚向前。一匹马载着一个和尚模样的人在前面飞跑，后面，一个英俊的年轻人策马紧追。终于追上了，和尚慌了手脚，满脸堆笑地对年轻人说："我兄貌似青兕，勇猛过人，还望看在往日情分，饶我一回。"年轻人毫不理会，怒睁双目，挥剑将和尚斩于马下。

这个年轻人，就是南宋著名爱国词人辛弃疾。

辛弃疾(1140—1207)，原字坦夫，改字幼安，号稼轩居士，历城(今山东济南)人。他成长于金人的统治之下，金朝统治者推行的一系列种族歧视政策给广大人民带来的深重苦难，深深刺痛了他的心，使他从小就对这种野蛮的民族掠夺痛恨至极，他的祖父辛赞虽做金朝小官，但没有忘怀祖国，经常对辛弃疾进行爱国主义教育，所以，辛弃疾很早就立下了恢复中原、统一祖国的壮志。为此，他勤奋读书，刻苦锻炼体魄，二十几岁便文才出众。

辛弃疾22岁那年，金主完颜亮带领大军，南下侵宋，金军后方空虚，中原地区的英雄豪杰趁机"屯聚纷起"进行反抗。辛弃疾也毅然投笔从戎，组织起二千多人的队伍参加了耿京领导的农民起义军，并以其文才当上了起义军的“掌书记”。掌管起义军的大印和书檄文件。为了扩大力量，他说服了一个叫义端的和尚，带了一千多人马来投耿京。不料义端不怀好意，在一天晚上偷了起义军的大印逃奔济南投降金人去了。辛弃疾得知消息后，怒火从心起，立即骑上耿京的乌龙马去追义端，终于在半路上截杀了义端，夺回了印信。辛弃疾以自己的行动，在义军中赢得了威望。

义军在发展，而辛弃疾却忧虑地看到，义军人数虽有二十多万，但由于是孤军作战，又缺少训练，一旦与金军铁骑进行大战，势必难以取胜。因此辛弃疾劝导耿京南归宋朝，和官军共同抗金。耿京采纳了这一建议，并派辛弃疾代表义军去和宋朝联系。任务顺利完成，辛弃疾立刻策马北归，要把这一好消息向耿京传述。不料，行至海州（今江苏东海附近），一个惊人的消息传来。在敌人的诱降政策挑动下，义军中发生了哗变。叛徒张安国杀了耿京，劫持义军投降了金人，并被封为济州（今山东巨野）的州官。听到这一消息，辛弃疾怒火中烧，他决心除掉叛贼为耿京报仇。他带了五十名勇士，快马加鞭直奔济州张安国的营帐。看见张安国同金将正在宴席上喝酒作乐，气得他眼睛都红了。他们趁其不备一拥而上，以迅雷不及掩耳之势杀了金将，把张安国捆绑在马上，同时向其部下声言，朝廷十万大军随后即到，张安国的部下不少是义军旧部，所以当场就有上万人起来反正。于是，辛弃疾等押着张安国，率领这上万人马，迅即掉头南下，一路上战胜了金兵的围追堵截，终于回到了南宋。辛弃疾惊人的英勇爱国行为，使昏庸的南宋朝廷大为震惊。这时，辛弃疾才 23 岁。

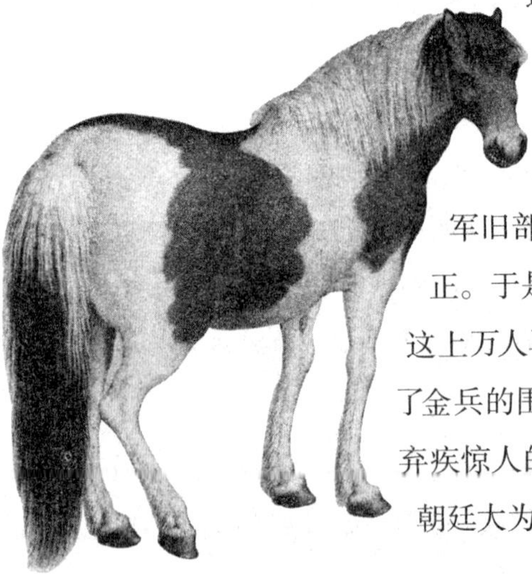

辛弃疾抱着抗金的理想南归，但南归后却是那样的不如意。他非但不能跃马横刀于疆场，运筹策划于帷幄，反而不断受到投降派的打击、排挤，42 岁便被罢官。有心报国，却报国无门。辛弃疾茫然、痛苦、无限悲愤。“愤怒出诗人”，慷慨激越的辛词，正是这种愤怒的艺术结晶。辛弃疾的词充满深厚的爱国热情和挽救国家危亡的雄心壮志，“要挽银河仙浪，西北洗胡沙”，“道男儿到死心如铁，看试手，补天裂”，“平戎万里，整顿乾坤”。辛弃疾的词也表露了他壮志未酬的忧愤之情。“长安故人问我，道愁肠殢酒只依然，目断秋霄落雁，醉来响空弦”，“追往事，叹今吾，春风不染白髭须，却将万字平戎策，换得东家种树书”。辛弃疾的爱国辞章，慷慨悲壮，不仅真挚动人，而且热情澎湃，具有强烈的感染力。辛弃疾词以豪放著称，历史上把他和苏轼并称“苏辛”，在我国文学史上也有很大影响。

一支熊熊的火炬，燃烧到了尽头，公元 1207 年，辛弃疾怀着忧愤的心情与世长辞。临终前，还连呼数声“杀贼”，显示出爱国词人的心始终没有离开抗金的战场。

南宋遗民郑思肖

郑思肖，字忆翁，号所南，是南宋末年爱国诗人、画家。一生行事始终是念念不忘大宋王朝，表现出坚贞的民族气节。

郑思肖原本不叫这个名字，南宋灭亡后，他才改叫“思肖”。“肖”用“趙”

字的偏旁,实为思赵。“忆翁”和“所南”也都有寓意,表示不忘赵宋王朝。

南宋末年，郑思肖曾以太学生的身份参加博学鸿词科的考试。当时,元兵已大举南下,向南宋进攻。他出于爱国热忱,上书太后、幼主,言辞切直,触怒了当朝权贵。不得已，他就到苏州(今江苏苏州市)报国寺隐居。他为自己在报国寺的房间取名为“本穴世界”。取“本”字下边的“十”加在“穴”字里就是“大宋”二字。他平日坐和睡的方向都朝着南方，表示不忘南宋故国。他还著有一卷《大无工十空经》。书名中的“空”字去“工”加“十”就是“宋”字,实际是寓意《大宋经》。郑思肖还在这本书的后面自题说:“臣思肖呕三年血方能书此。”他对大宋王朝是忠心耿耿、矢志不移的。

公元1279年，南宋京城临安(今杭州)被元兵攻破，南宋灭亡。郑思肖的亡国之痛非常强烈。他更换名字，发誓终身不仕，并且不和北方人交往。他到朋友家做客，听到席间有人口音好像不是南方人，他就会立刻离座而去。大家知道他为人孤僻，也就不以为异。他在诗中说:“此世但除君父外，不曾别受一人恩。”每逢年节及宋亡忌日，他都要朝向南方大哭一场，哀悼大宋王朝的灭亡。

郑思肖不仅能作诗，他还是位画家，擅长画竹、兰。宋亡后，他画兰花都是疏花简叶，不画土壤，使根无所凭借。有人问他原因，他怒斥:“国土已经被人家夺走，你还不知道吗?”

郑思肖不趋附权贵，他的画也不轻易给人。他认为，兰花“纯是君子，绝无小人”，因此，达官显贵想要他的兰花，他坚决不给。倒是平民百姓中有与他趣味相投的，他送画给他们。有位县官请郑思肖画兰花，郑思肖不画。县官打听到他有几亩田地，就威胁说要加重他的赋税徭役。郑思肖生气地说:“头可断，兰不可画。”铮铮傲骨可见一斑。

郑思肖喜欢在画上题诗，所以他的题画诗很多，借助这些诗与画寄托自己的气节胸怀。

怀抱着自己的爱国之心，坚决不向元统治者屈服。“宁可枝头抱香死，何曾吹落北风中”是脍炙人口的名言，历来为人们所传诵。

公元1318年，郑思肖去世。临终前，他嘱咐友人唐东屿为他在墓碑上题上“大宋不忠不孝臣郑思肖”。他到死都不忘自己是宋室臣民，坚贞的民族气节令人敬佩。

洪浩守节不降金

塞北的深冬，寒风凛冽，大雪弥漫。在一处窄小的地穴里，一位清瘦的老人紧了紧破烂单薄的衣服。虽然靠近燃着的马粪，依旧冻得瑟瑟发抖。微弱的火光映着一张憔悴的脸，但他的眼睛却射出一股令人不敢直视的坚定目光。他就是南宋的洪浩。

高宗建炎年间，洪浩奉命出使金国，被扣留。因多次拒绝金人高官厚禄的利诱，被流放到距会宁二百余里的冷山。

冷山地处荒僻，是金国陈王完颜悟室的家乡。洪浩被流放到这里时，完颜悟室对他说：“我听说你为人清正，学识渊博。若归顺大金，我保你享不尽的荣华富贵。”

洪浩鄙夷地“哼”了一声。完颜悟室有些愠怒：“真不识好歹。那你就待在这儿过苦日子吧。不过要教我的儿子念书识字。否则……哼，有你好看的。”

就这样，洪浩便在冷山中过着艰苦的流放生活，无人供给饮食和衣服。盛夏赤日炎炎，洪浩也不得不穿着粗布衣服，大汗淋漓。冬天更是苦不堪言。恶劣的环境毁了他的健康，他已是瘦骨嶙峋了。但一想到自己肩负的使命，他心里便腾起一股热力:“我一定要活下去，活着见皇上。皇上啊，您什么时候才发兵北上啊？”

在此期间，洪浩多次通过密探向宋朝通风报信，他反对和谈，极力请求宋高宗北上抗金。

有一次，高宗突然看到李微秘密带回朝的韦太后的亲笔信，激动地问李微：“这封信怎么来的？”

“回皇上，这是洪浩冒死从太后那里得来的。”

高宗长叹一声：“唉，我有二十来年不知母后的消息了。虽然派出上百名使者，都不如洪浩这封信让我宽慰呀！”说完，竟流下了眼泪。但是宋高宗终究没有发兵北进。

一天，完颜悟室突然召见洪浩。原来他想南下侵宋，攻取蜀地，特地求问洪浩的意见。

洪浩轻蔑地说：“蜀地险恶，你们难以得逞的。”

完颜悟室狂妄地举起双臂大声说：“我有什么做不到呢？海洋很大，我能让海水干涸。我最多不能使天地相互拍打罢了。”

洪浩一眼也不看完颜悟室，只微微地一笑："不要说大话了吧。打仗就像玩火，不加克制，最终会烧到自己的身上。自古以来，还没有人能连续用兵四十年而不止的呢！"讲到这里，他用手整了整衣服，接着说："我来贵国，是为了两国的和好。你们把我押到边塞，让我教小孩子读书，这符合对待使臣的礼仪吗？你应该放弃南下的念头，放我回去。这才是明智的做法。"

这番话激怒了完颜悟室，他勃然作色道："作为一个被我囚禁的使臣，你的口气还这般强硬，难道说我不敢杀了你么？"

"你当然可以杀我，可是一个大国滥杀使臣，你应晓得是何后果。我甘愿投水而死，你们就说我是自己坠入深渊的算了。"洪浩平静地说。

完颜悟室见洪浩毫不畏惧，义正词严，视死如归，心中不免有些震动，便没有加害洪浩。

洪浩义不降金，被金国扣留了十五年。直到南北议和后才被遣还。宋朝派往金国的使者被扣囚禁的多达三十人，此时只有洪浩、张邵、朱弁三人活着回来了。

洪浩回到朝廷，宋高宗在内殿接见他："洪爱卿，你忠义报国，我要重重嘉赏你。"

"皇上，我只请恩准微臣回家侍奉老母。"

"爱卿一心为国，义贯日月。就是汉代苏武也比不过您。您怎么能离开寡人远去呢？"

"老臣年事已高，身体不佳，不能再为皇上效力了！"洪浩回来后已知高宗信任秦桧，处处以妥协退让为原则，与金人苟安求和，因此决定离开。

洪浩作为一名使臣，羁留金国，历尽千辛万苦，九死一生，义不降金。他的坚贞气节和高尚情操永远为人们所敬仰。

魏胜抗金挽国难

北风呼啸，枯草萎萎，寒冬里树木早已落光了叶子，干瘦的树干和稀疏的树枝在寒风中瑟瑟发抖，灰暗低沉的天空不时盘旋着几只乌鸦，那声声让人心寒的鸣叫，更增添了几分肃杀与凄凉。中原大地上，到处是烧焦了的房屋，到处是横七竖八的尸体。除了焦房上冒出的缕缕余烟还显示出有一点动静外，根本看不见一个人影，到处是死一般的寂静，偶尔打破这沉静的是几只争食腐尸的秃鹰所发出的撕打声和令人不寒而栗的惨叫声。这就是几百年以前金兵入侵中原时的景象。

在金兵的不断侵袭下，南宋王朝节节败退，金军铁骑所踏过的地方，房屋被烧了，居民被杀了，庄稼被毁掉了，所留下的仅是一片片的焦土和一座座的空城。然而在淮北某个村落的打麦场上，却是另一番景象。村民们正手持木棒挥舞铁锹在喧闹声中认真操练。虽已是深冬，生龙活虎的小伙子们只穿着单衣，可头上仍冒着腾腾的热汗……

突然一个铜钟般的嗓音压倒了众人的杀杀打打声，只见一个浓眉大眼、身材粗壮的人跳到高处对大家喊道：

“像我等七尺男儿，不能保家卫国，还有什么颜面活着，金兵若来进攻，我们一定要组织起来，打退他们，大家有没有这个勇气？”

“有！”

众人齐声回答。

此人就是家住江苏宿迁县的魏胜。他武艺高强，为人正直勇敢且又精于计谋，因此名震四方，身边常常簇拥着一批血气方刚的崇拜者。

看到金兵的入侵和烧杀，魏胜义愤填膺，怒火中烧，便自动组织一批人经常聚在一块练习武艺，以图有一天能抗击金军，报效祖国。

这一年，金军打到山东，魏胜看到时机成熟，就把手下三百多人编成一支队伍，自己担任统帅，准备随时抗击金军。山东诸县的人民，听到魏胜起兵的消息，纷纷跑去归附，旬日之间就聚集了几千人。

当时金兵正围攻苍山县的一个营寨，魏胜决定乘敌不备突然袭击。在一个漆黑的夜晚，他先带着一小队人马悄悄摸到了苍山下金兵的军营。然而不幸的是敌人已有了准备，魏胜发现自己中了埋伏，就决定后撤。但这时已经晚了，敌人从四面八方杀了过来。他一边组织大家突围，一边挥舞大刀在后面作掩护。大刀所到之处，金兵人仰马翻，四处逃散，一会儿就倒下了一大片。

突然敌军中有人叫道：

"围住那个拿大刀的，他就是头领。"

渐渐地，有几百人把魏胜包围起来。但他毫不畏惧，反而愈战愈勇。正当激烈冲杀的时候，突然一支冷箭射了过来，正中魏胜的面门，他疼得晃了几晃，险些倒下。金兵这时又围了上来，准备捉活的。但他一咬牙，连血带肉地拔下那支箭，把它扔向敌群，大吼一声，又战了起来。吼声把敌人都惊呆了，几百人吓得一哄而逃。这时魏胜的大队人马赶来，大军奋勇冲杀，苍山之围很快解除了。

接着，魏胜又乘胜追击，收复了许多失地。魏胜的名字在四乡八邻中传颂，敌人一听说魏胜来了，就吓得心惊胆战，不战而逃。看到这种情况，魏胜就特意让人制了几十面旗子，写上自己的名字，交给诸将带上，等与金兵相持不下的时候，就把旗子打开，敌人一看是魏胜，便一哄而散。

魏胜作为一介平民，不受国家俸禄，没有官责在身，却能奋勇忘身，组织民众保家卫国，抗击敌人，起到官军不能比拟的作用。这种民族大义足以流芳千古。

郑和七下西洋

郑和 (1371—1433) 是中国历史上最伟大的航海家。郑和本姓马，名三保，是回族人，1371 年出生于云南昆阳 (今晋宁)。他家世代信奉伊斯兰教。他父亲曾经不远万里到伊斯兰圣地麦加朝圣。三保小时候，父亲经常把朝圣的经历和外域的风土人情讲给他听，三保听得津津有味。

1382 年，明太祖朱元璋派兵入云南，消灭元朝的残余势力，在兵荒马乱中，12 岁的三保被明兵掳往京城，强行阉割后，送到朱元璋的四儿子燕王朱棣府中，当了小太监。当燕王朱棣起兵南下与侄儿建文帝争夺皇位时，三保已长得身长七尺，膀阔腰圆，他在战斗中屡建奇功，表现了出色的组织能力和军事才能，而深得燕王器重。燕王做了皇帝 (明成祖) 之后，提拔他为内官监太监，并亲笔写了一个“郑”字，赐给三保为姓，于是马三保改名为郑和。

明朝初年，经过朱元璋三十一年励精图治，经济得到较快的恢复和发展。纺织、陶瓷、造纸、印刷等手工业发展得更快。尤其是造船业和航海技术的空前发达，都为远洋贸易提供了条件。另外，明成祖为了宣扬国威，耀兵异域，以示中国富强，决定派遣一支舰队，远航西洋，郑和是皇帝的亲信，精通文韬武略，而且他是回族人，又熟悉佛教，西洋各国大多信奉伊斯兰教或佛教，他自然是率领这支舰队的最佳人选了。

1405 年 6 月，郑和率领随员及士兵二万七千人，分乘二十六艘宝船和装载着货物、马匹、淡水的海船，从长江口扬帆出发。他们乘坐的宝船最大的载重千吨以上，可容五百多人乘坐。庞大的船队，帆樯林立、雄伟壮观。

郑和的船队先后到达占城国（今越南南方）、爪哇国（今印度尼西亚）、苏门答腊、满剌加（今马六甲半岛），进入印度洋，抵锡兰（今斯里兰卡），最后到达古里（今印度西南科泽科德）。船队每到一处，郑和都向当地的统治者宣传明朝对他们的友好态度，赠送礼物，并用随船带去的丝绸、瓷器、茶叶等货物换取当地的土特产。郑和所带的二万七千人中，主要是富有作战经验的精兵，郑和带大批军队出洋，不是为了侵略和掠夺，而是为了防御海盗的抢掠和某些国家贪婪的统治者的袭击。

1407 年，郑和船队返航，途经旧港时，与海盗发生激战。在一个漆黑的夜晚，海盗头子陈祖义，率大批海盗分乘几十只小船，偷偷靠近停泊着的船队。郑和已得到爱国商人的密报，早有准备。当海盗自以为得计，偷袭成功，正想登船时，突然一声炮响，所有宝船灯火通明，响起了战鼓和喊杀声，海盗还来不及逃跑，无数明军已跃向敌船，经过激烈的战斗，海盗全部被歼，陈祖义当场被擒。郑和押着陈祖义，凯旋回国。一些国家的使节也随船到中国朝见明成祖。1407 年 7 月，郑和奉命送这些使节回国，航程基本上与第一次相同。

1409 年冬，郑和三下西洋。船队途经锡兰时，锡兰国王亚烈苦奈尔垂涎船上的珍贵货物，企图袭击船队。他装出友善的样子，亲自登船邀请郑和进城休息。郑和不知是计，上岸走到半路，猛想起人们传说亚烈苦奈尔贪婪凶残，便怀疑其中有诈，于是派人返回去瞭望，果然回去的道路已被横七竖八的大树堵塞。于是他派人绕道通知守船军队准备战斗，他估计敌人可能倾巢出动袭击船队，城内的守备一定空虚，便率领随他而来的两千士兵杀奔锡兰国的都城。亚烈苦奈尔正在做发财梦，来不及反抗就当了俘虏。攻打船队的敌军，听到都城被袭，赶忙回军救援，半路上遭到明军的伏击，死伤大半，其余四散逃窜。郑和还朝时，将亚烈苦奈尔押回中国，明成祖赦免了亚烈苦奈尔，把他释放回国。从此以后，郑和船队威名远扬。

1413 年，郑和四下西洋，最远到达波斯湾；三年后，他又五下西洋，船队在马六甲海峡分为两队，其中一支船队到达非洲大陆的也门、索马里、肯尼亚等地。1421 年，郑和又奉命送亚非十六国使节回国，六下西洋。

此后，郑和做了约五年南京守备。1430 年，皇帝再次命令年已 60 的郑和七下西洋，先后到达亚非十七国，1433 年，这位卓越的航海家病故。

郑和七下西洋，前后近三十年，航程十万里，访问二十几个国家，多次战胜大洋中的惊涛骇浪，表现了中国人民的大无畏的精神，扬我国威，同时也增进了中国人民与世界人民之间的友谊，促进了明朝与东南亚、西亚和非洲北部各国的经济文化交流，至今，很多地方仍用郑和的名字——三保来命名，如泰国的三保港、三保庙、三保塔，印度尼西亚的三保垄、三保洞，马来西亚的三保城、三保井等。

袁崇焕保国卫民战沙场

袁崇焕 (1584—1630)，字元素，广东东莞人。明末著名的爱国将领。

明万历年间，女真领袖努尔哈赤建立了后金。后金建立后，努尔哈赤便以“七大恨”誓师告天，兴兵反明。后金军队剽悍善战，仅用几年时间，就毁抚顺，拔清河堡，在萨尔浒大败明西路军，使八万明军全军覆没。后金军乘胜步步逼近，占沈阳，陷辽阳，攻下辽东多处城寨。在后金强大的攻势面前，军事重地广宁(今辽宁北镇)的明军守将惊慌失措，弃城逃入山海关。东北全境陷于完全失落的危急之中，明朝的安全受到极大的威胁。

消息传到北京，朝野震恐，文武大臣议论纷纷，但都拿不出一个主意。这时，刚从福建调来兵部的袁崇焕站了出来，充满信心地说：“只要给我兵马和钱粮，我就可以把关外的防御责任担当起来！”其实，袁崇焕当时只是兵部的一名小官，对此关系国家存亡的大事，他既无责任，也可以不冒风险。但他有一颗忧国忧民之心，他想到国家的安危，想到人民生活的安定，自己作为一朝武将怎能袖手旁观，无动于衷！袁崇焕自愿戍边，受到群臣称赞，于是提拔他为佥事（到地方上巡视军事的官员）到山海关外监督军事。

一到关外，袁崇焕便立刻与将士商议守备计划，安抚无家可归的百姓，修筑军事要冲宁远（今辽宁兴城）的城墙，以巩固边防。正当宁远城墙告成的时候，袁崇焕的父亲去世了。按当时的制度，官员丧父要卸任回家守孝三年。但此时袁崇焕早已把全身心都投入到东北的边防上，他怎能为了家事而放弃国事呢？袁崇焕眼含热泪，朝南三拜，表示对父亲的悼念之情。

1626年，努尔哈赤率十三万大军，西渡辽河，兵临宁远城下。这时宁远城中，只有一万多兵马。面对如此悬殊的敌我力量，人心惶惶。为鼓舞斗志，袁崇焕集合全城将士，当众刺破手指写下血书，誓与宁远城共存亡。战斗打响了，后金军顶着盾牌，冒着明军的弓箭和石头，蜂拥而上，企图掘开城墙攻进城去。袁崇焕沉着应战，用西洋大炮对准敌兵密集的地方频频开火。炮声一响，烈焰腾空，后金军血肉横飞，成片成片地倒下。战斗进行了两天，后金军发动了无数次进攻，但在袁崇焕的指挥下，宁远城岿然不动，而后金军却死伤无数，四员将领阵亡，努尔哈赤本人也负了伤。大势既去，后金兵纷纷逃窜，袁崇焕乘胜追击三十里，歼灭后金官兵一万多人。宁远大捷使后金军胆颤心寒，身经百战的努尔哈赤，也叹息道："我从25岁带兵作战以来，战无不胜，攻无不克，谁想到这个宁远城却打不下来。"

努尔哈赤死后，其子皇太极又率兵攻打锦州和兴城，但都被袁崇焕的部队所击败。于是后金军改变战略，1629年，皇太极率军几十万，绕过袁崇焕的防区，突破长城，攻入关内，进逼北京。袁崇焕得到警报，立即挥师入关，在北京城下，与后金军展开了激战。袁崇焕身披铠甲，亲自上阵督战杀敌。在他的带领下，明军士气高涨。将士奋勇杀敌，从中午血战到晚上，终于打退了后金军，皇太极感叹地对部下说：“我打了十五年的仗，从来没遇到过这样厉害的对手。”

袁崇焕横戈成边战沙场，为保国安民立下了汗马功劳。他为官清廉，刚直不阿，深受广大将士和百姓的爱戴，这也遭到了朝中奸党的迫害打击。形势一有好转，朝中奸党便以“谋叛欺君”的罪名将其杀害了。

袁崇焕的一生，不为名，不为利，不为权，唯有保家卫国，正如他写的《边中送别》一诗所言：

五载离家别路悠，送君寒浸宝刀头。
欲知肺腑同生死，何用安危问去留？
策杖只因图雪耻，横戈原不为封侯。
故园亲侣如相问，愧我边尘尚未收。

戚继光驱逐倭寇

戚继光(1528—1587)，字元敬，号孟渚，山东蓬莱人。他出生在一个世代担任武职的将门之家。由于家教的影响，他从小就接受了抵御外侮的爱国思想。

明世宗的时候，日本的一些封建诸侯，纠集武士、商人和海盗经常在我国东南沿海一带骚扰，杀人放火，抢劫财物，闹得人民不得安宁。沿海居民非常痛恨，称他们为倭寇。

戚继光17岁那年，担任了登州卫指挥佥事，开始了他的戎马生涯。这个具有爱国思想的年轻人，看到沿海不平静，曾慷慨赋诗说："封侯非我意，但愿海波平"，表达了他保卫祖国海疆的志向。

1555年，戚继光调到浙江，担任参将。他到任不久，就在温州、台州一连几次大败倭寇，成了远近闻名的勇将。在军事实践中，他深感当时军队素质太差，缺乏训练，战斗力弱，军纪又坏，无法战胜倭寇。于是他编练了以农民和矿工为主的三千新军，并根据南方地形特点，创造了"鸳鸯阵"的新阵法，这种阵法可攻可守，作战灵活，特别便于近距离作战，大大增强了战斗力。他还招募渔民，组成一支水军，从海陆两方打击倭寇。戚继光非常重视部队的军纪。一方面，他经常给将士们讲述杀敌卫国，保卫家乡，爱护人民的道理，使战士齐心合力，刻苦练兵；另一方面，他制定了严格的军纪，赏罚严明。他规定，擂鼓该进，就是前面有水火，也要奋勇前进；鸣锣该退，就是前面有金银，也要坚决后退。经过戚继光的训练，一支作战勇敢、纪律良好的军队形成了，被人们称之为"戚家军"。

戚家军刚练成，倭寇大举侵犯浙江台州的消息就传来了。戚继光率军进剿。敌人一闯进戚继光摆的"鸳鸯阵"，刀、枪、藤牌就像一阵暴风骤雨，密密层层向他们压了过去。倭寇一部分被当场杀死，一部分被赶到灵江里淹死了。戚家军大获全胜，从倭寇手里救回了被虏去的百姓五千多人。时隔几日，戚继光又在处州上峰岭布下天罗地网，以少胜多，歼敌二千多，充分显示了他出奇制胜的指挥才能。接着戚家军又在台州地区与倭寇进行了十余次战斗，连战皆胜，把倭寇全部赶出了浙江。戚家军打出了军威，名震天下，老幼皆知。大军凯旋时，台州百姓官吏出城二十里相迎。

倭寇慑于戚继光的威名，又把骚扰的矛头指向了福建沿海。戚继光又奉命出师福建。在极端困难的情况下，戚继光巧施妙计，戚家军奋勇杀敌，在宁德、牛田、林墩接连打了三个胜仗，杀敌数千，捣毁敌人的大小巢穴数十座。但戚家军伤亡也不小。当地百姓出城远迎，慰劳品塞满街道。戚继光婉言拒绝了对他个人的祝贺，他想到牺牲的士兵，难过地说："士卒伤亡，我何忍受贺。"他带着深切的感情下营帐看望伤兵，亲自抚恤阵亡将士的家属，穿上素服，声泪俱下地哭祭阵亡士兵。戚继光爱兵如子的将风，深深感动了全军将士，杀敌逐倭的士气越来越高昂。

"一年三百六十日，多是横戈马上行。"经过戚继光等将领十余年来统率沿海军民，浴血疆场，英勇战斗，东南沿海的倭寇被彻底肃清了，人民又开始了安居乐业的生活。

戚继光平定倭寇，保卫海疆，在中华民族反抗外来侵略的历史上，写下了光辉的一页。他的爱国思想和丰功伟绩，人民永远不会忘记。直到今天，浙江、福建一带还流传着戚家军英勇杀敌的故事，保存着大量戚继光和戚家军的遗迹。

夏完淳怒斥洪承畴

夏完淳 (1631—1647)，原名夏复，乳名端哥，字存古，松江府华亭县(今上海市松江县)人。夏完淳英才早熟、胆气过人，是一个神童。他 5 岁读完了“五经”，7 岁能诗作文，9 岁时已写出了一本叫《代乳集》的诗集。在父辈们的长期熏陶下，夏完淳童年时就关心时事，有敏锐的政治眼光，立下了为国献身的抱负。

夏完淳 15 岁那年，清兵打到了他的家乡，所到之处，烧杀抢劫。眼看着家乡人民受到清兵残暴的屠杀，他心里像有一团烈火在燃烧。他毅然投笔从戎，参加了父亲和老师组织的义军，并成为一名骨干。不久，由于义军人数太少，战斗失败。父亲不愿当俘虏，投湖自尽了，父亲的殉国，更激起夏完淳坚持抗清的决心。他和老师、岳父一起歃血盟誓，决心战斗到底。他卖了全部家产，奔走于浙江一带，联络反清力量。不幸的是，在清兵的大搜捕中，他被清兵逮捕了，并被押到南京。

到了南京，招抚南方总督军务大学士洪承畴亲自提审。洪承畴知道夏完淳是闻名江南的“神童”，便心怀叵测，诱他投降，借此收买人心。夏完淳见堂上坐的是洪承畴，不由得怒火中烧，昂首挺立，不肯跪下。洪承畴假仁假义地说：“你这个毛头小孩，懂得什么造反事理？还不是误受叛乱之徒的蒙骗，被拉过去的？你要是依了我，归顺大清，管保你前程无量。”夏完淳装着不认识洪承畴，故意高声回道：“你才是个叛乱之徒！我是大明忠臣，怎能说我反叛？我常听人说起我朝‘忠臣’洪亨九(洪承

畴字）先生在关外和清军血战而亡，名传天下。我年纪虽小，说到杀身报国，还不甘落在他的后面呢！”洪承畴听后瞠目结舌，不知所措。

洪承畴的左右赶忙出来解围，告诉夏完淳："本堂正是洪大人。"没料到，夏完淳反而手指洪承畴的鼻子，骂得更凶："胡说！亨九先生早已为国捐躯，天下人谁不知晓！当时天子亲自哭祭他，满朝群臣都痛哭流涕。你这个无耻叛徒算是什么人，敢冒他的大名来污辱他的'忠魂'！"夏完淳这一席骂，痛快淋漓，巧妙异常。弄得洪承畴在这位少年英雄面前，脸红一阵，青一阵，坐立不安，虽似有千刀剜肉，万箭刺心，却也不敢还上一句。狼狈退堂，把夏完淳关进了狱中。

南京监狱，阴暗潮湿，臭气熏天，在非人的折磨下，夏完淳仍然豪放如常。他和难友一起作诗，谈忠说义，根本不把生死放在心上。他在《狱中上母书》中写道："人生孰无死？贵得死所耳。""噩梦十七年，报仇在来世。神游天地间，可以无愧矣。"表现了他视死如归的气概。

敌人对夏完淳软硬兼施，都没能使他屈服。最后，把他押到南京西市刑场。面对死亡，夏完淳毫无惧色。他双目炯炯发光，直挺挺地立在刑场上，坚决不肯下跪。杀人不眨眼的刽子手，在英雄面前，胆战心惊，在监斩官的再三催促下，才哆哆嗦嗦地举起了手中的刀。

少年英雄夏完淳牺牲的时候，还不满 17 岁。他像烈士壮游那样走向死亡，以其生命的热血谱写了最后一曲惊天地、泣鬼神的不朽诗篇。

史可法血染扬州

1644 年，清世祖由叔父多尔衮辅政，乘农民起义军李自成攻破北京、明皇崇祯在煤山吊死的混乱时机，大举南进。当年 5 月初，清军即占领了北京。

消息传到江南，明朝陪都南京的官员，此时大致分为两派：一派是以南京兵部尚书史可法为代表的爱国大臣；另一派是以凤阳总督马士英为代表的卖国官僚。马士英为了便于自己弄权，拥立荒淫的福王朱由崧即位，建立了历史上称为弘光王朝的南明政权。

1645 年，清军击溃了农民起义军李自成后，又大举南进，于 4 月 17 日对扬州采取了包围的攻势。

正直有为忠贞爱国的大臣史可法，被投降派马士英之流从南京排挤到扬州督师。当清军进逼扬州时，史可法立即发出紧急命令，要各镇派兵救援扬州。但是那些不顾国家安危的将官只谋私利，不顾大局，竟没有一个听命令而来的。史可法只能率领本城军民，构筑工事，做迎战准备。

4 月 18 日扬州陷入了被清军层层包围的孤立无援的态势。

南下清军的统帅是清摄政王多尔衮的兄弟定国大将军豫王多铎。他为了不战而成大功，进而利用史可法的威望收服江南，就叫明朝降将李遇春，拿着招降书去劝诱史可法投降。

李遇春来到城下，见史可法威风凛凛站在故楼上，怒目向着自己，先就气馁了三分。他不敢下马，双脚踩着镫子，拱手作揖道：“史督师在上，恕末将甲胄在身，不能全礼！”史可法嘲问道：“我是大明朝的督师，请问，你又是哪一朝的‘末将’？”李遇春臊红了面皮，定了定神说：“督师忠义大名闻于华夏，都得不到朝廷信任，死又何益？还不如协助大清朝取天下……”“无耻！”史可法大怒，从腰间摘下宝雕弓、抽出狼牙箭，搭上弦，李遇春大惊失色，把马缰一提，抱头鼠窜而去。

多铎见劝降不济事，又强迫当地乡民拿着劝降书，进城去见史可法。史可法拆都不拆，弃之护城河里。

多铎不死心，又接二连三地写劝降书，史可法仍是看也不看，连着五次，把劝降书扔进护城河。

扬州城中有一个总兵官和一个监军，在清军诱降下发生了动摇。第二天夜里跑到史可法住处，惴惴地说：“明朝大势已去，我们不如投降清军吧！”史可法微微冷笑，声严色厉地说：“我早已准备好死在扬州，要我投降休想！”那总兵和监军连夜溜出城门，投降了清军。

史可法对投降变节分子，十分鄙视，自己早已做好了一死的决心，并给母亲、妻子写好了遗书。

总兵和监军投降后，扬州城中军心发生动摇，史可法传令全体官兵，向大家讲话：“这几天军情紧急，扬州是江北的重镇，如有差失，南京很难保住。我切望将士们一致努力，不分昼夜，严密防守。倘有人造谣生事，惑乱人心，一定按军法治罪！”

史可法心中又急又难过。想到军心涣散，扬州难守，南京势急，国家危亡，不禁热泪夺眶而出，放声痛哭……

听着史可法痛切的哭声，将士们无不受感动，再也不能沉默，不约而同地喊道：“我们一定尽力守城！”

史可法拭去眼泪，向大家行礼致敬，当众下令，把军队分成三部分，一部分迎战，一部分守城，一部分巡查，并宣布了临阵军令：

“上阵如不利，退守城防；守城如不利，展开巷战；巷战如不利，短兵相接；短接如不利，为国自尽！”

在史可法的指挥鼓舞下，壮烈的扬州保卫战开始了。

4月22日，清军开始攻城。明军出城交战失利，退守城内。清军用大炮轰射，把城墙上部打开了好些缺口。史可法命人用大沙袋堵住缺口，继续战斗。鏖战一整天，清军死伤了几千人。

清军自从一年前入关以来，所到之处，很少遇有像扬州军民这么坚强抵抗的，更没有一个封疆大吏和城池共过存亡。多铎对扬州军民和史可法恨到极点，连续三天攻城不克，于4月25日对扬州发动了疯狂的总攻击。

扬州各处城门，以西城受到的攻击最厉害，史可法就亲自在这里防守。清军集中大炮向城墙的西北角轰击，终于打开了一个大缺口。大队清军士兵，就从这个缺口洪水一般涌进了扬州城。

史可法见扬州城已被攻破，悲愤不已，拔出宝剑朝脖子上抹去。在他身边的史德威等人，连忙抱住他的身子，夺下手中宝剑。史可法已为剑刃所伤，战袍溅满了鲜血。他严厉地对史德威说：“我命令你把我杀死！”史德威知道，史可法不愿被俘受辱，决心以死殉国，所以这么下命令；但他又怎忍心杀死敬爱的督师呢？他和几十个士兵一起，簇拥着史可法走下城墙，打算从东门逃出，再图后举。

这时，清军已进扬州中心，明军将士和百姓正同清军展开巷战，许多人在短兵相接的格斗中牺牲。史可法等还没走到东门，就有一队清兵迎头挡住了他们的去路。既然到了清兵面前，他挺身而出，大声疾呼："史可法在此！"清兵听了大吃一惊，上前捉住了他，送到多铎那里。

多铎见了史可法，不敢怠慢，恭敬地说："前些天我曾五次致书给先生，都没得到回答，如今先生为明朝尽到了忠义，我想请先生替大清朝收拾江南。先生如能俯允，必当授以重任！"

史可法听了大怒，义正词严地斥道："我是大明朝臣子，岂可苟且偷生，做万世罪人！我头可断，志不可屈，愿速速就死！"

多铎已知徒费口舌，终于露出了狰狞的嘴脸，却又假惺惺地对史可法说："你既然是忠臣，我就杀了你，成全你的名节吧！"

"与扬州共存亡，是我早已决定的志愿，纵然劈尸万断，我也甘之如饴。但是扬州百万生灵，你们不可杀戮！"

就是在生命最后一刻，这位爱国先辈还拳拳怀念着祖国，深切眷恋着人民！

扬州城被攻破时，都督刘肇基带领残部四百来人和全城人民一起与清军巷战，直到矢尽力绝，没有一个投降的。多铎痛恨扬州人民英勇抵抗，下令屠城十天。在战斗中牺牲和屠刀下丧生的扬州人民，总计有八十万之多，这就是历史上称为"扬州十日"的残酷事件。

史可法就义后，有人企图寻找他的遗体，但由于扬州经过大屠杀，城里大街小巷死尸狼藉，加上天气蒸热，尸体已腐烂不可辨认。第二年清明节，人们把史可法生前穿的衣袍，葬在扬州门外梅花岭，这就是现在还时时有人去那儿凭吊忠魂的史可法衣冠冢。

收复台湾的郑成功

17 世纪 60 年代，郑成功率领一支中国军队从荷兰侵略者手中夺回了台湾。踏碎海峡的惊涛骇浪，击败敌人的拼死抵抗，英雄的丰功伟绩永远彪炳史册。

郑成功的父亲名字叫郑芝龙，原来是一个大海盗，后来受明朝廷招安做了官。明朝灭亡后，郑芝龙和他的弟弟郑鸿达等人在福建拥立了朱元璋的后裔朱键为皇帝，改元“隆武”，并操纵着这个政权。不久，清兵开始南下，想要一举消灭这个明王朝尚存的政权。

年轻的郑成功不忘自己是明王朝的一个臣民，时刻想着抗清复明，有一天他前来朝见隆武帝。

隆武帝早就喜欢上这个忠诚憨直、聪明过人的小伙子，一见面就自言自语地问起了郑成功：“郑芝龙是你的父亲，郑鸿达是你的叔父，你看这两个人我依靠谁好呢？”郑成功斩钉截铁地回答道：“这两个人都靠不住！我的父亲和叔父都心怀叵测，据我所知，他们早已对清兵有了畏惧心理，打算投清。所以陛下应该对他们早作提防。”隆武帝听后非常惊异。郑成功接着一字一句说道：“小臣不才，愿意为大明尽忠尽力，以死报国！”隆武帝心中大喜。封郑成功为御营中军都督，招讨大将军。

清兵攻入福建后，郑芝龙果然屈膝投降，郑鸿达不战而逃。由于明军人少力薄，隆武帝被俘身死。这时郑成功收到父亲写来的一封信，信中劝他早作主张，投降清朝。郑成功看后非常气愤，回信道：“从来都是父亲教育儿子去做忠臣。可今天我的父亲却教育我去当叛臣。如今父亲决意投降，将来如有什么不测，那儿子只好在远方为你送丧了。我忠明抗清的决心已定，任何人也别想动摇我的信念，自己的生身老子也如此！”

就在这时，有一个叫何斌的人来见郑成功。何斌原是郑家的一名将领，后来去了台湾，给荷兰人作翻译。因为他十分了解这些侵略者，对他们早已恨之入骨，于是就暗地里把荷兰军队的布置情况和台湾的港口路线记下来，绘成一张详细的地图，准备有朝一日为收复台湾出力。这一次他乘机到了厦门，见到郑成功，献上地图。他流着泪对郑成功说：“台湾人民受尽了荷兰侵略者的凌辱，早就想起来推翻他们了。凭借你的威力，对付这些家伙就像狼驱赶羊群一样容易。台湾沃野千里，四面通海，岛上物产丰富，足以养兵，可以据险抗拒清兵。”

出于一腔赤诚的民族忠心，郑成功决定收复被荷兰侵略者占领多年的宝岛台湾。于是他便开始加紧操练海军，打造战船，聚集粮草，准备穿越台湾海峡，去征讨侵略者。

1661 年 4 月的一个凌晨，郑成功率领三百五十多艘战船，二万五千多名将士，浩浩荡荡地从金门岛出发，船行十天后抵达台湾。

一上岸，他们便火速向敌人盘踞的各个据点冲击。等到敌人发觉时，有相当一部分人已经成了瓮中之鳖。一些没被包围的侵略者便纠集起来，从水陆两方面向郑成功的军队发起了进攻。然而由于郑成功指挥得当，很快瓦解了敌人的攻势。然后步步逼进，最后将敌人包围在赤嵌和台湾（今台南市安平镇）两个城中。赤嵌城中的守敌首先投降。八个月后，郑成功下令向负隅顽抗的台湾城守敌发起总攻。猛烈的炮火将城墙轰开一道缺口后，将士们冲杀了进去。不一会儿，敌人便竖起白旗投降了。这样，被荷兰侵略者盘踞了三十八年的台湾岛又重新回到了中国人民的手中。

当父亲投敌，忠孝不能两全时，郑成功选择了忠；当荷兰殖民军侵犯我国领土主权时，郑成功又把汉族与满族的矛盾放在第二位，给西方入侵者以迎头痛击。他用自己的行动解释了什么是忠于祖国。

鸦片战争烽烟起

清朝道光年间，英美等国商人向中国走私鸦片，害我国民，削我国力，日甚一日。1839 年，钦差大臣林则徐赴广州查禁鸦片。3 月 10 日，林则徐与两广总督邓廷桢、广东水师提督关天培加紧整顿海防，招募水勇，逮捕烟贩，又于18日通知外国鸦片贩子，限期三天，将趸船上所存鸦片造具清册，尽数缴官，并出具甘结，声明“嗣后来船永不敢夹带鸦片，如有带来，一经查出，货尽没官，人即正法”。英驻华商务监督查理·义律唆使英商拒交鸦片。林则徐即于24日下令封舱，停止中英贸易。派兵封锁洋馆，撤退中国雇员，并表示“若鸦片一日未绝，本大臣一日不回”之决心。迫使查理·义律命令英商缴烟。林则徐亲率文武官员，于4、5两月从趸船上收缴英、美、港脚（印度）商人的鸦片约二百三十七万余斤，从6月3日到25日，在虎门海滩当众销毁，沉重地打击了英国侵略者，大长了中国人民的志气。

1840年6月，英国政府借口保护通商派军舰到广州海面，发动侵略战争。因广州防守严密，英军转攻厦门，被闽浙总督邓廷桢率军击退，遂乘福建以北防务空虚，向浙江沿海进攻，占领定海。英军一部驻守定海，其余北上进攻天津。道光皇帝派直隶总督琦善到广州议和，将林则徐、邓廷桢革职。1841年1月，英国向琦善提出并单方面公布《穿鼻条约》，道光皇帝不准，派皇侄奕山率军赴广州对英作战。4月初奕山到广州打了败仗，向英军求和，订立《广州和约》，答应将兵撤出广州，赔款六百万元。8月英军扩大侵略战争，占领了镇海和宁波。道光皇帝派另一皇侄奕经援浙又败，转向求和方针，被英拒绝。1842年6月，英舰沿长江西犯占领了镇江。7月，停泊在南京下关。8月29日，清政府被迫签订了《南京条约》。从此，中国开始一步步地变成半殖民地半封建社会。

建成于1988年的陈列大楼，

面积达二千四百平方米，内设基本陈列和临时展览。《林则徐禁烟与鸦片战争史实》为基本陈列，它通过文物、史料、图片、场景等，生动地揭露了英国殖民者利用鸦片打开中国大门并武装入侵的罪行，讴歌了林则徐等爱国人士的民族气节，以及中国人民不屈不挠的斗争精神。馆里收藏的许多文物，如装火药的“火药埕”、老百姓组织起来抵抗外敌入侵的“桑榆共卫”牌匾和“得胜帽”等等，有着鲜明的爱国主义思想内涵。在陈列的形式上，以实物和背景画面相结合，逼真动人，具有强烈的感染力。经过多年努力，虎门鸦片战争博物馆已经建成融纪念性、教育性、娱乐性于一体的爱国主义宣传教育基地，被称为“立体教科书”。1990年以来，博物馆接待海外观众五百多万人次，其中华侨、港澳台同胞五十多万人次，收到良好的社会效益。

三元里的誓言

1840年，英国发动鸦片战争后，步步进逼，次年5月在广州登陆，占据城北各炮台。侵穗英军四处烧杀抢掠，无恶不作。1841年5月28日，英军劫掠队闯入三元里村东华里，适遇菜农韦绍光的妻子李喜外出拜神，被英军拦截，恣意侮辱。韦绍光见状，忍无可忍，与敌力搏，乡人群起相助，用手中的锄头、扁担奋起反抗，当场打死英军八九人，把尸体抛入东华里门外的猪屎坑内。韦绍光及村民的义举，极其振奋人心，长期埋在人们心中的反抗怒火顿时迸发出来。三元里村民料定英军必来报复，当天全

村群众齐集在三元古庙，议定16岁以上60岁以下男丁，一齐出动上阵杀敌。他们取出三元古庙里的黑底白边三星旗，举手对旗宣誓。又联络起附近一百零三乡村民、书院社学等社团组织以及打石、纺织工人，组成“平英团”，共同抗击英国侵略者。

5月30日，平英团痛歼英军的战斗在牛栏岗打响了。这天一早，“乡分远近旗斑斓，什队百队沿溪山”。平英团各部一万多人，打着各色旗帜，手持大刀、长矛、抬枪、打石锤等各式武器，会合于牛栏岗。抗英群众按照预定计划，一方面将主力队伍隐蔽埋伏在牛栏岗，另一方面派出一支小队伍，佯攻附近的英军总司令部，以引蛇出洞。侵穗英军果然中计，总司令卧乌古亲自率部两千余人向三元里人民扑来。英军不知不觉地被诱至牛栏岗，踏进了死亡的陷阱。正当卧乌古发觉中计时，牛栏岗四周锣鼓齐鸣，伏兵四起，平英团群众以泰山压顶之势向英军冲杀过来。不知所措的英军被紧紧围住，顿时乱作一团，双方展开了激烈的肉搏。时近晌午，平英团与英军仍旧兵戈不息。忽然，天降大雨，英军的火药枪因火药被淋湿而失去了威力，只得以刺刀对仗。然而，“刺刀之于中国人的长矛只不过是一种可怜的防御物罢了”。他们在平英团的重重围困下，拖着笨重的皮靴，在泥泞的水田里、瓜棚下到处乱撞。许多狂妄的英兵在他们瞧不起的长矛、刀剑之下丧生。平英团群众士气旺盛，愈战愈勇。他们披蓑戴笠，赤脚在雨中往来冲杀。妇孺老弱也不甘落后，冒着生命危险为平英团送茶送饭，呐喊助威。打石工人在山顶搬了许多大石块，用绳子、藤条吊住，伺机把英军诱上半山腰，然后割断绳索，大石飞滚而下，如山崩地裂。牛栏岗之战直到傍晚方接近尾声，被打得焦头烂额的英军陆续突出重围，狼狈地逃回了四方炮台。

牛栏岗一仗，平英团大获全胜，英军遭到了惨败。以牛栏岗为中心，方圆十多里的战场上，随处可见敌人的尸体及丢弃的枪支等物品。据统计，在这次战斗中，平英团共歼敌二百多名，与此同时，城西南岸三山村一带的群众也杀敌一百多名，缴获战利品一批。牛栏岗大捷，极大地鼓舞了广东人民。番禺、南海、从化、花县、增城等县四百余乡人民群众响应。一时间，珠江三角洲四处飞传着《全粤义民申谕英夷兵书》。

牛栏岗大捷，极大地鼓舞了平英团的士气，各乡群众纷纷请求上阵杀敌，夺回四方炮台。5 月 30 日晚，部分群众便埋伏于四方炮台周围，观察敌情。次日拂晓，平英团数万武装群众，从四面八方涌向四方炮台，将炮台高地围得水泄不通。炮台内的英军如困兽待毙，人心惶惶。就在这时，龟缩在广州城内的清朝政府官兵却列队齐整地从广州城开出，以清朝要员奕山为首的清军不但不打击英寇，反迫使平英团离开四方炮台。

占据四方炮台的英军虽然在奕山等人的帮助下幸免一死，但是，平英团反对外来侵略的义举，使他们再次看到了中国人民力量的强大。1841 年 6 月初，英军灰溜溜地撤离了广州地区。可笑的是，英军全权代表义律在撤离时，居然不知羞耻地贴出告示说 :“百姓此次刁抗，蒙大英官宪宽容，后毋再犯。”三元里群众立即贴出揭帖予以驳斥，表示“不用官兵，不用国帑，自己出力，杀尽尔等猪狗，方消我各乡惨毒之恨也”，表明了他们坚决反抗外来侵略

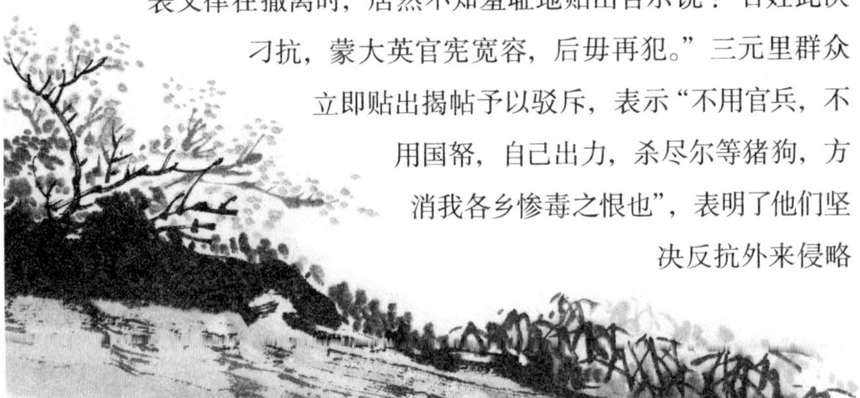

的决心。

三元里抗英斗争，是中国人民第一次自发组织的、大规模的反抗外国资本主义侵略的斗争，沉重地打击了当时称霸于世的英国侵略者，向全世界表明了中国人民坚决反抗外来压迫的顽强斗争精神。它不仅极大地鼓舞了广州地区人民的斗志，为之后广州人民火烧洋馆、反租地、反进城等一系列斗争树立了榜样，而且，它对后来中国人民大规模的反帝反封建革命运动乃至中国近代百年史产生了深远的影响。

旧中国的封建统治阶级基于抹杀、歪曲和贬低人民革命业绩的反动立场，对三元里平英团抗英斗争的重要旧址和文物根本不予重视，更谈不上保护。平英团誓师纪念地三元古庙，历经沧桑，屡遭破坏。第二次鸦片战争期间，三元古庙被英法联军报复毁灭，后由当地群众集资重建，亦因年久失修，几乎濒于倾圮湮没。新中国成立后，党和人民政府极为重视对平英团旧址的修复与保护。1950 年 10 月，广州市人民政府为了纪念在三元里抗英斗争中牺牲的烈士，在三元里村西门楼前的山冈上兴建了一座雄伟的纪念碑，碑的正面镌刻着两行醒目的大字：“一八四一年广东人民在三元里反对英帝国主义侵略斗争中牺牲的烈士永垂不朽！”

新中国成立后，牛栏岗大捷中缴获的英军大炮、手枪、刀剑、军服、军章、证件，被中国革命历史博物馆收藏。三元里人民用鲜血写就了中国历史的光辉篇章。直至今日，三元里村还有不少人家供奉着祖先打“老番”（英军）时用过的“武器”。农民颜浩长用长矛刺死英军少校毕霞的英勇战绩，被后代编成传奇故事“定拳长打番鬼”，广为流传。

萨布素抗击沙俄侵略

在清朝康熙年间，有一位率军英勇抗击沙俄侵略者的满族将军，名叫萨布素，他以赫赫战功赢得了人民的尊敬，成为我国历史上杰出的爱国民族英雄。

萨布素是满洲镶黄旗人，随先人到吉林落户。1677 年，康熙皇帝派内大臣率人到长白山瞻礼，来到吉林后，驻守宁古塔（今黑龙江宁安）的将军巴海命令萨布素带领二百多名士兵给他们做向导。萨布素事先做了充分准备，带了三个月的粮食给养，跋山涉水，领着瞻礼队伍顺利到达长白山，完成了瞻礼的活动，圆满地回来了。由于萨布素在完成这次重要使命中表现出非凡的勇气与才能，第二年被任命为宁古塔副都统。

当时，沙俄侵略者一直想侵入富饶的中国，掠夺土地和财富。他们几次派遣远征军，窜入黑龙江境内，肆无忌惮地烧杀抢掠。这种禽兽不如的暴行，激起了北方边境人民的强烈愤怒，自发起来进行保家卫国的斗争，曾给这些兽兵以有力的打击。但是，沙俄侵略者依仗自己的武力，仍然贼心不死，居然侵入黑龙江，强占了雅克萨城（在今漠河东、呼玛西北的黑龙江北岸），并在那里建设军事基地，从那里出兵继续侵占掠夺黑龙江流域的广袤土地。

鉴于沙俄侵略者的气焰越来越嚣张，清朝政府多次照会沙俄政府，要他们赶快悬崖勒马，停止侵略行为。但沙俄方面对此置若罔闻，继续蚕食我领土、掳掠我资财。当地人民义愤填膺，纷纷要求清朝政府派兵把侵略者赶回老家去。

面对这种严峻局面，清朝政府决定派兵打击沙俄侵略者。于是，萨布素被委以重任，率兵反击侵略者。萨布素亲临雅克萨附近勘察该城形势，疏通了从乌苏里到黑龙江以及通往宁古塔的水陆交通线路，选定有利地形，在呼玛等地修筑木城，屯兵一千五百多，建造大炮战船，严守边防。后来，萨布素晋升为黑龙江将军，他进一步在驻防地区屯垦耕种，补充战备物资，随时准备打击进犯之敌，表现了高度的爱国献身精神。不久，一支沙俄侵略军从雅克萨开出，企图窜犯黑龙江下游地带。萨布素马上带兵迎敌，通过激烈战斗，全俘侵略军，取得了重大胜利。

为了进一步打击敌人，1685 年萨布素统率几路兵马合力攻打雅克萨城。当地人民闻讯，主动支援攻城部队，达斡尔族有五百多人参加作战。6 月份，大队人马开到雅克萨城下，萨布素命令城内沙俄军队赶快撤出雅克萨，可守城的沙俄将领托尔布津拒不从命。于是，萨布素率领清军先消灭了前来增援雅克萨的敌兵，然后集中炮火向该城猛烈轰击，使守城俄军伤亡严重，最后连招架之力都没有了。在走投无路之际，托尔布津派使者向清军求和。清军同意他们投降，放他们退回尼布楚，并把雅克萨城炸毁轰平，胜利返回驻地。

清军走后不久，沙俄侵略者卷土重来，又占领了雅克萨，那个侵略军头目托尔布津也重返这里，指挥俄军又一次筑起土城，继续与我国为敌。

萨布素得知这一消息，决定再次发兵攻打雅克萨。他根据雅克萨靠江的

地形特点，派兵在不靠江的三面挖掘战壕，筑起堡垒长围。又修造兵船开往雅克萨江面，形成四面包围之态势。然后从四面猛烈攻城，把守城的七百多俄国侵略军打死了六百多人，俄军头目托尔布津也在这次战斗中丧了命。沙俄政府见侵略中国的企图无法得逞，只好接受清朝政府提出的通过谈判解决中俄边界问题的建议，派出使者到中国要求谈判议定边界，并请求清军不再围攻雅克萨城。清朝政府同意进行谈判，并下令解了雅克萨之围，让那一百多个没死的沙俄兵撤了回去。

当时，在中国西部的蒙古族部落准噶尔的首领噶尔丹，一再勾结沙俄发动叛乱，成为一大祸患。萨布素为了安边卫国，提出一系列防御叛乱的措施，得到清朝政府同意。1696 年，康熙皇帝亲自出征，要彻底平定噶尔丹的叛乱，解除边界威胁。他命令萨布素统率一部分兵力从东路出发，配合他的主力部队打击噶尔丹叛兵。在几路人马合力围歼下，噶尔丹的叛乱终于被基本平息，使西北边境重新安宁了。

萨布素不仅长于武功，而且重视教育。他首先倡导在墨尔根（今黑龙江嫩江）建立学校，招收各民族儿童入学，培养有知识的人才。他顽强抵抗侵略者的爱国思想行为，一直受到广大军民的赞扬。

林则徐虎门销烟

林则徐 (1785—1850)，字元抚，1785 年 8 月 30 日出生于福建侯官 (今福州市) 一个较贫寒的家庭。

林则徐 26 岁考中进士后，先后在北京和外省担任官吏。他体察民情，惩办贪官污吏，治理江河，兴修水利，“一时贤名满天下”。他主张学习西方的先进技术，派人去澳门了解西方国家的动态，购买西方的书报，组织人力进行翻译，编译出《四洲志》等书籍。因而被称为中国近代史上田“第一个睁眼看世界的人”，致使他成为鸦片战争中的风云人物。

鸦片又叫大烟，可以作为药材少量使用，又是一种极容易上瘾的毒品。长期吸它，就会使人精神委靡，骨瘦如柴。英国殖民者为了获得高额利润，向中国大量倾销鸦片，以此来打开中国市场的大门。1838 年贩运到中国的鸦片达四万多箱。鸦片的泛滥，无情地毒害人们的肌体，使大量的白银外流，在当时已成为一个威胁民族生存的严重问题。中华民族处在危难之中。

目睹烟毒泛滥，林则徐忧心如焚。他在给道光皇帝的奏章中，痛陈鸦片危害的严重性 :“若犹泄泄视之，是使数十年后，中原几无可以御敌之兵，且无可以充饷之银。”林则徐应召到京后，向道光皇帝申述了自己的禁烟主张和准备采取的措施。道光皇帝采纳了他的主张，任命他为钦差大臣，去广东查禁鸦片。

1839 年 3 月，林则徐到达广州后，立即和邓廷桢、关天培商定加强防务；

号召揭发烟犯的贩毒情况；下令查封广州所有的烟馆；逮捕六十一名勾结洋人的重要烟贩；勒令外国商人三天内全部缴出所存鸦片，并写下“永不敢夹带鸦片，如有带来，一经查出，货尽没官，人即正法”的书面保证。林则徐毅然表示：“若鸦片一日不绝，本大臣一日不回，誓与此事相始终，断无中止之理。”

在英国驻中国商务监督查理·义律的指使下，英国烟贩用搪塞手段敷衍，只肯交出一千多箱鸦片，并虚伪地表示不再进行鸦片交易，妄图蒙混过关。林则徐没有被英国侵略者这种狡猾的伎俩所欺骗，他已查出停泊在零丁洋面上二十二艘英国鸦片趸船，每艘屯集的鸦片都在一千箱以上。林则徐下令传讯拒不缴烟，还阻挠别人缴烟的英国大鸦片贩子颠地。颠地在查理·义律的庇护下，连夜惊慌逃跑，在中途被愤怒的群众抓回来，义律见蒙混不成，竟以武力相威胁，命令零丁洋面的鸦片趸船开走，摆出战争的姿态。林则徐无所畏惧，果断地命令水师炮舰游弋沿海，截住了英国的鸦片趸船；派兵封锁洋人商馆，撤走商馆中受外商雇用的全部中国人员，断绝对外商的一切贸易和供应。外国商人蜷缩在商馆里，连饮水和食品都发生了困难。三天之后，义律终于低下了头，无可奈何地缴出所有鸦片。连同美国商人缴出的鸦片，共计两万箱又两千多袋，总重二百三十多万斤，价值八百多万两白银。

1839 年 6 月 3 日，晴空万里，虎门海滩庄严热闹。林则徐登上虎门海滩的礼台，亲自主持销烟。两座十五丈见方的大池里，先后倒入海盐和鸦片，鸦片被盐卤泡透后，再抛下石灰。顿时，池水沸腾，烟雾翻卷，不久，通海的涵闸被打开，满池子被销毁的鸦片渣沫泻进了茫茫大海。成千上万围观的人群里，迸发出一阵又一阵欢呼声，远胜过虎门的海涛。

虎门销烟，历时二十三天，震惊中外，这一壮举揭开了中国人民近百年来反侵略斗争的帷幕。

1840 年 6 月，恼羞成怒的英国侵略者出动军舰、运输船四十多艘，士兵四千多人，陆续开到广州附近海面，悍然发动了鸦片战争。林则徐立即组织广州军民奋勇抵抗，他号召："如英夷兵船一进内河，许以人人持刀痛杀。"水勇出其不意地烧毁敌舰、群众在外岛水源投放毒药，英军只能困守海上，不敢进犯内河，企图侵占广州的计划终于成为泡影。

英国侵略军见无隙可乘，便沿海北上，于 1842 年攻破吴淞、闯进长江、直逼南京。腐败无能的清朝统治者苟且偷安，屈膝求和，同英国签订不平等的《南京条约》。

鸦片战争失败后，清王朝竟归罪于林则徐，将他撤职查办，又充军到新疆。三年后才被赦回，并委以陕西巡抚、云贵总督等职。1850 年，林则徐因病逝世，终年 65 岁。

林则徐虎门销烟，书写下中国近代反侵略斗争的壮丽篇章，它庄严地向世界宣布：中国人民是不可侮的。

关天培保卫虎门

一百多年前，著名的爱国将领关天培，为了守好祖国的南大门——虎门要塞，顽强地同英国侵略军奋力拼杀，用生命谱写出一曲爱国主义的悲歌。

关天培，字仲因，号滋圃，1780 年出生于一个行伍家庭。他年轻时喜欢阅读历史书和故事，钦佩为国捐躯的英雄。又见中国国防薄弱，于是，决心弃文习武、投笔从戎。他骑马射箭，练就一身好本领，还苦读《孙子兵法》，研究军火制造。23 岁那年考取武庠(当时的军事学校)生。以后因他办事认真，懂军事，多次被提升，1834 年晋升为广东水师提督。

当时，广东沿海防务松懈，炮台年久失修，英国军舰公然闯入内河，直抵广州黄埔。关天培到任后，立即亲自到广州的天然屏障珠江口的虎门，检查防务，采取各种措施增强防守能力。他亲自在虎门测量海口的宽窄，水位的深浅，并试了大炮的射程，以确定炮位；添铸七八千斤的重炮四十门，分配到各炮台使用；在通向内河的江面上设置一道道木排、暗桩和每条长约三百二十丈的大铁链八条，以防止敌舰闯入内河；关天培整顿水师，增添了巡洋兵船和兵丁，亲自督促水师操练。在关天培的努力下，虎门的防务力量增强了，它为后来的禁烟运动提供了坚强的军事后盾。

1839 年初，林则徐作为钦差大臣来广东主持查禁鸦片走私。关天培成了林则徐的得力助手。虎门销烟后不久，英国侵略军就多次出动兵船，在广东沿海进行武装挑衅。1839 年 11 月 3 日，关天培率水师船在穿鼻洋面巡视，遭到两艘英国兵船的袭击，不幸受伤，但他仍持腰刀挺立桅前，率领水师英勇还击。交战两小时，敌船被打得帆斜旗落，狼狈逃走。

1840 年 6 月，鸦片战争正式开始。英舰四十艘在广东海面集结，封锁珠江口。英国侵略军多次企图从这里攻入，但壁垒森严的虎门，使他们胆战心惊、望而却步。

英国侵略者在广东不能得手，便沿海向北进犯。同年 8 月，英国兵舰开到天津，向清政府递交照会，进行威胁。腐败的清政府被英国的船坚炮利所吓倒，把战争起因归罪于禁烟。昏庸的道光皇帝撤职查办了林则徐，任命投降派琦善为钦差大臣。

琦善到广州后，为了讨好侵略者，下令拆除了木排铁链和暗桩，裁减兵船三分之二，全部遣散了招募来的水勇，还允许英国人查看地形，探测内河，关天培多年经营的防御设施遭到了严重破坏。为了求得侵略者退兵，琦善一一承诺了英方提出的条件，助长了侵略者的嚣张气焰。

1841 年 1 月，英军二十余艘军舰乘虚向虎门发动突然进攻。虎门外的沙角、大角两炮台只有守军六百多人，在敌众我寡的形势下，奋起抵抗，最后全部牺牲。2 月，英军又乘机进攻虎门。驻守虎门只有四百将士，形势十分危急。关天培向琦善多次告急，请求派兵援助。琦善虽握有数万大军，却坐视不救，导致关天培孤军奋战。关天培冒着炮火，登上靖远炮台，大声激励将士，众官兵斗志昂扬，奋力炮击英军。十五门大炮排列在炮台上，装足火药。当敌船靠近时，关天培

一声令下，顿时，海水沸扬，敌舰有的被击沉，有的被击伤。登岸的敌人也纷纷被歼，尸体遍布滩头。26日下午两点多钟，南风大作，英军乘风开炮猛攻靖远炮台，弹片四溅，沙石乱飞，守军死伤大半。关天培负伤多处，仍镇定指挥，还代替牺牲的炮手，亲自燃放大炮。残余的守军齐心合力，沉着应战。但突然大雨倾盆，大炮火门透水、失去作用。战斗坚持到傍晚，炮台被围。英军在炮火掩护下攻上炮台。关天培身负重伤，血透衣甲。他挥舞佩刀，把冲上炮台的敌人劈了下去。忽然从背后飞来一发炮弹，弹片穿过了他的胸膛，因伤重力竭，关天培壮烈牺牲。镇守虎门的四百名将士也全部壮烈牺牲。

邓世昌视死如归

邓世昌(1849—1894)，字正卿，广东番禺人，1849年出生在一个农民家庭，少年时代就有远大志向，憎恨外国侵略者，立志报国。

在福州船政学堂毕业后，邓世昌历任海东云、振威、镇北、扬威等舰管带(舰长)。1880年和1887年，他先后两次被派赴英国，接带新舰回国，归途中，他不依靠洋员，自己监视和指挥行船，一路操演海战战术，每天变阵好多次，“时而操火险，时而操水险，时作备攻状，时作攻敌计”。各舰官兵得到了很好的锻炼。为近代中国海军的建设，作出巨大的贡献。

1894年8月，中日甲午战争爆发。9月16日，邓世昌所在的北洋海军舰队护送运兵船到大东沟(鸭绿江口)。任务完成后，17日上午，舰队正准备返航，突然发现远处黄海海面出现柱状薄烟，经瞭望发现是悬挂美国国旗的舰队，向北洋舰队疾驶而来。这个舰队渐渐靠近时，突然降下美国国旗、升起日本国旗，并向北洋舰队发动进攻。海军提督丁汝昌下令迎战。

战斗开始了。海面上炮声隆隆，硝烟弥漫，海面像一锅开水一样沸腾起来。邓世昌以顽强不屈的战斗精神，指挥着致远号军舰，冲锋陷阵，纵横海上。当日本吉野等四舰正驶到中国旗舰定远号前方，向定远号进逼时，为保护旗舰，邓世昌指挥致远号开足马力，驶在定远号之前，迎战敌舰。致远号陷于四艘敌舰的包围之中，仍然毫不退缩，猛冲猛打。在激烈的战斗中，邓世昌发现敌先锋舰吉野号来回逞凶，横行无忌，认为只有击沉此舰，挫其锐气，方能取胜。于是，邓世昌便要求经远、济远等舰向他靠拢、集中火力，共同对付吉野号。但济远号管带方伯谦贪生怕死、临阵脱逃。只有经远号管带林永升马上指挥军舰靠拢，致远号和经远号两舰齐心协力，给吉野号以重创。但狡猾的吉野号司令官集中炮火，专攻经远号。经远号中炮起火，船身下沉，林永升和全舰官兵壮烈牺牲。致远号全体官兵目睹这悲壮场景，个个义愤填膺，海面上回荡着为牺牲的兄弟报仇的呼喊声。邓世昌命令各炮位一齐向吉野开火。不料，炮弹都不发火。原来，海军经费都被慈禧太后用于修建颐和园去了，炮弹里没有火药，里面装的全是沙土。水兵们只有拿起步枪向敌人射击。这时，在数艘敌舰的围攻下，致远号舰身受伤，甲板上着了火，已濒临绝境。在这危急关头，邓世昌激励将士说：“吾辈从军卫国，

早置生死于度外，今日之事，有死而已。”他冒着敌人密集的炮火跨上舰桥，紧握着舵轮，驾驶着已严重倾斜的致远号，像一条火龙，在弹雨中迅速向吉野号撞去，致远号的水兵们在甲板上朝着祖国的方向，跪下告别，他们决心与吉野号同归于尽。中华健儿的爱国壮举，吓坏了吉野号上的日本官兵，顿时乱作一团，纷纷跳水逃命，吉野号上的日本司令官手足无措，急得团团乱转。眼看致远号就要撞上吉野，不幸的事情发生了。致远号被日军的鱼雷击中，锅炉爆炸，舰身倾斜，军舰向海底沉去。在军舰将要完全沉没时，随从刘忠递给邓世昌救生圈，他坚决不接，慷慨地说:“事已至此，誓不独生。”说罢，邓世昌同全舰将士，护卫着军舰和舰旗，慷慨从容地沉没在万顷波涛之中。

邓世昌忠贞尽职、视死如归、舍身取义的壮举，永远激励着后人，发人深思，催人奋进。

丁汝昌以身殉国

丁汝昌(1836—1895)，原名先达，字禹廷，号次章，安徽庐江县丁家坎村人。清末北洋海军提督。

丁汝昌天资聪慧，胸怀奇志。

1888年，北洋舰队成立，他被授予海军提督。1894年赏加尚书。

1894 年 7 月，日本未经宣战，便向中国开炮，中日甲午战争爆发。作为北洋海军提督加尚书的丁汝昌，积极主战。黄海战中，丁汝昌身先士卒，身受重伤，仍坐在甲板上指挥战斗。在他的激励下，士气大振，终于击退了日军舰队。威海之战中，丁汝昌亲自登舰指挥，不但迎头痛击袭来的日军舰船，还发炮支援南岸守军，击毙了日军陆军少将大寺安纯。威海之战前夕，日军海军中将伊东佑亨，深知丁汝昌的厉害，就写信劝他投降。丁汝昌将信撕得粉碎，投向大海，骂道："你错看了我丁某。头可断，志不可屈，国不可辱。今天只有一死，来尽忠臣之职！"他上书李鸿章道："我一定要战斗到船尽没，人皆亡而后已！"并且叮嘱说："我身已许国，万望勿以我为念！"敌军再次劝降，他仍严词拒绝。于是，敌人勾结军中的民族败类，用武力威逼，他怒斥道："你们想让我投降吗？除非是立即杀了我。我命不足惜！"后来，得知陆上援军已无望，丁汝昌召集了各舰管带和船员会议，发出最后号召："同仇敌忾，与敌人决一死战。鼓足力量，拼死突围！"但是，遭到船员的反对。丁汝昌知大势已去，想派人用水雷炸沉北洋海军的主舰镇远号，没有人响应。事已至此，丁汝昌知道败局已无力挽回，于是，"速将提督印截角作废"，以防有人盗印降敌。于 1895 年 2 月 11 日在刘公岛自杀殉国。

丁汝昌御外侮宁死不屈的精神，是中华民族光辉形象的写照。它向全世界人民宣告：中华民族不可辱！北洋海军虽以失败而告终，但在世界反侵略史上，留下了不可磨灭的一页。

图书在版编目（CIP）数据

热爱祖国/徐潜,栾传大主编.--长春:吉林文史出版社,2010.5（2023.9 重印）
(中华传统美德青少年读本.少年卷)
ISBN 978-7-5472-0052-0
Ⅰ.①热...Ⅱ.①徐...②栾...Ⅲ.①品德教育-中国-少年读物Ⅳ.①D432.62

中国版本图书馆CIP数据核字(2010)第055667号

中华传统美德青少年读本·少年卷
热爱祖国
REAIZUGUO

主　　编/ 徐　潜　栾传大
出版发行/ 吉林文史出版社
网　　址/ www.jlws.com.cn
项目负责/ 崔博华
责任编辑/ 陈春燕
责任校对/ 梁丹丹
封面设计/ 新华智品
版式设计/ 柳甬泽
印　　刷/ 北京一鑫印务有限责任公司
版　　次/ 2010年5月第1版　2023年9月第5次印刷
开　　本/ 720mm×1000mm　1/16
字　　数/ 150千字
印　　张/ 8
书　　号/ ISBN 978-7-5472-0052-0
定　　价/ 38.00元
